KB274141

국제화 시대의 재외한인동포

한국문화국제교류운동본부총서 1

국제화 시대의 재외한인동포

2012년 3월 20일 초판 인쇄
2012년 3월 25일 초판 발행

지은이 | 이광규
펴낸이 | 이찬규
교정교열 | 정난진
펴낸곳 | 북코리아
등록번호 | 제03-01240호
주소 | 462-807 경기도 성남시 중원구 상대원동 146-8
　　　 우림2차 A동 1007호
전화 | 02-704-7840
팩스 | 02-704-7848
이메일 | sunhaksa@korea.com
홈페이지 | www.bookorea.co.kr
ISBN | 978-89-6324-180-7 (93300)

값 13,000원

* 본서의 무단복제를 금하며, 잘못된 책은 바꾸어 드립니다.

한국문화국제교류운동본부총서 1

국제화 시대의 재외한인동포

이광규 지음

북코리아

머리말

　최근 유행하는 용어의 하나가 국제화이다. 국제화가 더욱 가까이 느껴진 것은 우리나라 사회에 국제결혼을 한 여자들이 증가하고 외국인 노동자가 증가하면서부터이다. 그러나 실제로는 해방 이후 나라를 세우기 이전부터 국제화는 시작되었다. 일제강점기에 나라를 되찾기 위한 운동을 한반도에서 전개하지 못하고 한반도보다 넓은 지역에서 전개한 것처럼 우리에게는 한반도 이외의 활동 무대가 필요하였다. 이와 같이 우리는 광복운동부터 남의 영토를 빌려 쓰는 국제화를 시작하였다.

　한국전쟁 당시에는 전선이 한반도를 벗어나지 않았다. 남쪽과 북쪽이 단독으로 싸운 것이 아니라 남한은 16개 외국 군인이 참전하였고 북한 측도 중공군과 러시아군이 참전하여 한국전쟁은 20개국이 싸운 국제 전쟁이었다. 또 한국을 도와 물자를 지원하거나 운송을 지원한 나라 등 46개국을 합친다면 모두 67개국이 도와준 셈이었고, 이때 이미 국제화가 이루어졌다.

전쟁이 끝나 복구 작업을 하면서 경제건설에 박차를 가할 즈음 남한에서는 국제화가 더욱 심도 있게 진행되었다. 만일 외국의 물품, 외국 인력, 외국 기술의 도입 등을 국제화라고 한다면 한국의 근세사는 국제화를 진행한 국제화의 시대라고 할 수 있겠다. 특히 우리나라처럼 지하자원이 거의 없고 원유가 생산되지 않는 나라에서의 공업화는 결국 외국에 의존하는 경제체제일 수밖에 없다. 우리나라에 원자재를 공급하는 나라가 있어야 하는 것과 마찬가지로 우리나라에서 생산한 제품을 사주는 나라가 있어야 우리나라는 생존할 수 있다. 산업 구조상 우리나라는 완전히 국제화하였고, 더욱이 식량 자급률이 30%밖에 되지 않는 나라는 철저하게 국제화한 나라라고 할 수 있다.

국제화라는 견지에서 말하자면 우리의 재외동포는 국제화의 첨단에서 활약하는 사람들이다. 그들은 우리나라의 민간 외교관이고, 우리의 상품을 선전하는 외판원이며, 우리의 문화를 선전하는 홍보관이다. 이러한 일반적인 이야기를 차치하고라도 특히 재외동포는 우리나라의 산업화, 중공업화, 고도성장기 등 시기마다 가시적인 크나큰 공헌을 했다.

예를 들어 우리나라가 새마을운동을 전개하던 1960년대와 1970년대에는 재일동포들이 엄청난 경제적 후원을 해주었다. 최근 중국의 산업화는 동남아시아의 화교 덕분이라 한다. 화교의 자본이 본국에 투자되어 중국은 산업화와 근대화에 성공하였다고 한다. 우리나라는 이런 본국에 대한 공헌을 1960년대와 1970년대에 했다. 우리 동포는

1960년대에 공헌했고, 중국은 1990년대에 했다는 시간적 차이 외에 중국 화교들이 본국에 투자한 것은 이윤이 생기기 때문이고, 재일동포의 경우 아무 대가를 바라지 않고 투자하였으니 이것은 투자가 아니라 희사이다. 말하자면 중국 화교의 본국 투자와 우리나라 재일동포들의 본국 원조는 기본적으로 다른 것이다.

이스라엘의 재외동포들은 조국을 도우면서 바늘 하나까지 모두 기록하여 얼마나 많은 금액과 물건을 희사하였는지를 밝히고 있다. 그러나 우리나라의 재외동포들은 막대한 송금을 하면서도 기록한 것이 남아 있지 않을 뿐 이스라엘 못지않게 본국에 희사했다.

우리 동포들은 보수를 바라지 않는 완전히 희생적인 기여였기 때문에 기록이 없고, 기록에 남긴 것이 적다고 하더라도 물질적인 공헌은 중국이나 이스라엘에 결코 뒤떨어지지 않는다. 재외동포들은 조국인 한국을 위하여 희생적인 봉사를 했으며, 그러한 희생은 한국이 가난하고 못살 때만 한 것이 아니라 오늘날과 같이 풍요롭게 살아도 나라를 위해 도움을 주고 있다.

이제 우리나라의 재외동포들이 언제 어떻게 조국을 도왔는지를 정확하게 밝혀야 한다. 그리고 조국을 도운 구체적인 사실도 중요하지만, 우리나라의 동포들이 다른 나라 동포들보다 왜 더욱 희생적으로 공헌하였는가를 밝히는 것이 중요하다. 그러나 이번 작업이 이러한 욕구를 충족시켰다고는 생각지 않는다. 다만 다음에 보다 세밀하고 충분한 연구가 이루어질 것이고 이것은 다만 전초적인 연구에 지나지 않는다고 생각한다.

재외동포들이 한국을 위하여 다각적인 공헌을 해왔는데 이들 중에는 한국의 공업화를 도와준 것과 같이 직접 도와준 것이 있고, 미국 SAT II에 한국어를 첨가시켜 간접적으로 도와준 것이 있다. 한국을 기준으로 재외동포의 도움을 직접적 또는 간접적으로 표현하였으나 한국의 국제화라는 입장에서 말하면 직접적으로 도운 것은 소극적인 것이고 오히려 간접적인 것이 적극적인 것이라고 할 수 있다.

재외동포들이 적극적인 국제화를 이룬 것 중에서도 재중동포들이 한국인 기업이 중국에 진출하였을 때 도움을 준 것과 같이 구체적인 국제화사업을 전개한 것이 있으나 미국의 SAT II에 한국어가 첨가된 것이 보다 중요한 의미를 갖기 때문에 이것을 기점으로 하였다. 그래서 그 이전에 재외동포들이 간접적인 국제화를 도와준 것을 준국제화라고 하였다.

이번 연구는 말하자면 한국과 미국에서 일기 시작하고 서울에서 시작한 '한국문화국제교류운동분부'의 길잡이가 되려는 의도에서 작성한 것이다. 현재 미국에서 일기 시작한 한국어와 태권도 보급운동은 한국어가 미국 SAT II에 첨가된 이후 더욱 치열해진 경쟁으로 한국, 중국, 일본이 언어와 문화를 전파하는 치열한 경쟁을 벌이고 있다. 이러한 운동은 장차 미국에 한정되지 않고 전 세계에 전파되어갈 것이다. 특히 한국 입장에서는 한류와 신한류에 이어 세계로 뻗어나갈 것이 음식 다음으로 언어와 태권도라고 생각하고, 이러한 세계적인 움직임의 지침서 또는 방향을 제시하는 이론적 배경이 필요하다고 보아 작성하였다.

불완전한 연구서이지만 이 영역을 처음 개척하는 연구서로 그 중요성을 인정하고 이러한 연구서의 필요성을 충분히 이해하고 출판을 서둘러주신 '한국문화국제교류운동본부'의 운영위원 여러분의 후원에 감사하며, 이것을 수용하여 출판을 쾌히 승낙하신 북코리아 이찬규 사장님과 직원 일동에게도 감사 말씀을 전하고 싶다.

2012년 1월
구미동 서현제에서

CONTENTS

I

서론

미국의 SAT II란?

1996년, 한국어가 미국 SAT II에 채택되어 미국 학생들이 한국어 시험에 응시하게 되었다. 이것은 한국 역사에 길이 남을 큰 사건이라 아니할 수 없다. 이것은 미국이라는 나라에서 한국어가 국제어로 인정받은 것을 의미하기 때문이다.

미국의 대학수능고사에는 두 종류가 있다. SAT I과 SAT II가 그것이다. SAT I은 영어와 수학 두 과목만 시험을 치르는 것이고, SAT II는 영어와 수학 이외에 사회과학, 자연과학 그리고 외국어 등 다섯 과목을 치르는 것이다. 대학에 들어가려는 모든 고등학교 졸업생은 이것에 응시해야 하며 많은 대학에서 SAT II를 요구하고 있다. 미국 학생들이 시험을 치르는 SAT II의 외국어는 6개의 유럽 언어, 말하자면 프랑스어, 독일어, 스페인어, 이탈리아어, 히브리어 그리고 러시아어였다. 여기에 일본이 세계 2대 경제 강국의 언어를 넣어야 한다고 주장하여 일본어가 첨가되었다. 이것을 안 중국이 중국어는 유엔에서 사용하는 언어이기 때문에 SAT II에 넣어야 한다고 하여 중국어가 채택되었다. 이것을 안 한국 사람들이 칼리지보드(College Board)에 찾아가 일본어와 중국어를 넣으면서 왜 한국어를 SAT II에 넣지 않느냐고 항의하여 칼리지보드는 한국어를 SAT II에 넣을 터이니 60만 달러를 가져오라고 하였다. 그리하여 전 미국 한인들이 합심하여 모금운동을 전개하고 60만 달러를 모금하여 제출하려 할 때 한국의 삼성이 이것을 내주어 드디어 한국어가 미국 SAT II에 채택되었다.

미국이 한국어를 SAT II에 첨가시키니 호주, 영국 등 영어 사용 지역 나라들의 대학수능고사에 한국어가 첨가되었고, 일본도 한국어를 수능고사에 넣었다. 말하자면 한국어는 이제 국제어로 인정받게 되었고 여러 나라에서 한국어를 배우고 있다. 3년 전의 자료이지만 세계 55개국, 632개 대학에 한국어와 한국문화 강좌가 있다고 한다.

국제화란?

한국어가 국제어가 되어 많은 나라 사람이 한국어를 배우는 것과 같이 한국이 다른 나라 문화를 배우고 다른 나라가 한국문화를 배우는 것이 바로 국제화이다. 다시 말하면 국제화란 다른 민족의 존재를 인정하고 다른 문화와 더불어 사는 것을 말한다. 지금까지 한국은 후진국이라 생각하여 선진국의 문화와 제도 그리고 과학과 기술을 배우기 위하여 그들의 나라 말인 영어, 독어, 프랑스어 등을 배워왔다. 따라서 이런 나라의 대표자라고 할 수 있는 미국이 한국어를 배운다는 것은 미국이 한국을 자기들과 동등한 선진국 반열에 올려놓은 셈이 된다. 한국이 서구 문화를 배운 것과 마찬가지로 서구 문화가 한국 문화를 배우는 것이다. 이러한 대등한 입장에서 교류가 이루어질 때 그것이야말로 진정한 국제화이다. 사상과 금융이 국경을 초월하여 교류되는 것처럼 사람과 물품이 국경을 초월하여 유통되고 이동하는 국제화가 이루어지고 있다.

그동안 우리는 미국, 영국, 프랑스, 독일, 일본과 같은 선진국의 언어와 기술 그리고 문화를 배우는 데 급급하였고 다른 나라가 우리의 언어나 문화를 배운다는 것은 생각지 못하였다. 그러나 우리가 말하는 후진국은 물론 심지어 선진국인 미국, 영국, 일본 등에서도 한국어와 한국 문화를 배우기 시작한 것이다. 말하자면 완전한 의미의 국제화시대가 도래하였다. 미국의 SAT II에 한국어가 첨가된 것은 한국과 미국의 양 방향에서 진정한 의미의 국제화가 시작된 기점이라고 할 수 있다.

문제의식

한국 입장에서 미국의 SAT Ⅱ에 한국어가 첨가된 것이 국제화의 기준이라면 우선 의문시되는 것이 '왜 미국이 한국어를 SAT Ⅱ에 첨가시켰을까?' 하는 것이다. 한국어가 미국 SAT Ⅱ에 첨가된 해는 1996년이다. '무엇 때문에 미국이 한국어를 이때 SAT Ⅱ에 첨가시켰을까?' 하는 것이 첫 번째 의문이다. 그러면 '그 이전의 국제화 단계는 어떠하였을까?' 그리고 '그 이후의 상황은 어떠하였을까?' 하는 의문들이 꼬리에 꼬리를 물고 이어진다.

이러한 문제들을 집약하여 첫째, 미국 SAT Ⅱ에 한국어가 채택되기 이전에 우리 재외동포와 한국의 국제화 협력관계는 어떤 것이 어떻게 진행되어 왔는가를 보기로 한다. 이것은 한국이 1960년대에 경공업을 발전시켜 공업화를 서두르기 시작할 때였다. 이때는 재일동포가 우리나라를 크게 도와주어 공업화를 추진할 수 있었다. 1960년대 한국의 공업화에 빼놓을 수 없는 것이 당시 서독에 파견된 광산근로자와 간호사였다. 이들이 우리의 공업화에 어떤 영향을 주었는가를 살펴보기로 한다.

우리나라의 산업화는 1960년대의 경공업화와 1970년대의 중화학 공업화로 나누어볼 수 있다. 1970년대는 재정적으로 재일동포가 도와주었고, 재미동포 과학자들이 우리의 중공업화에 두뇌를 가져다주어 크게 공헌한다.

이들 재일동포와 재미동포들이 한국의 산업화를 위하여 물질적인 후원을 하고 두뇌를 가져다주어 과학 기술의 발전에 공헌한 것은 동포가 조국에 기여한 것이다. 이것의 주체는 재외동포이고 이들이 도움을 준 대상은 한국이라는 특색을 갖는다. 이것을 국제화라고 한다면 그것은 재외동포에 의한 직접적인 국제화라고 할 수 있다. 이러한 재외동포에 의한 직접적인 국제화가 구체적으로 어떠한 상황에서 어떤 지원이 이루어졌는지 살펴보기로 한다.

다음으로는 미국 SAT II에 한국어가 첨가된 이후 국제화가 어떤 상황과 조건에서 어떤 사업이 어떻게 이루어졌느냐 하는 것을 문제 삼기로 한다. 물론 이것은 미국의 문제이고 재미동포의 문제이다.

미국의 SAT II에 한국어가 채택된 1996년 당시 또 하나의 재외동포가 한국의 국제화에 크게 기여였는데 그것은 바로 재중동포였다. 재중동포는 한국에 와서 노동력을 제공하였고 1990년대 이후 한국 사업가들이 중국에 진출하였을 때 그들을 도와줌으로써 한국의 기업이 급속도로 중국으로 확산되어 나갈 수 있었다. 이것이야말로 한국의 국제화를 직접적이고 현실적으로 도와준 것이라고 할 수 있다.

국제화가 다른 민족을 이해하고 다른 민족과 더불어 사는 것이라면 한반도를 떠나 외국에 거주하는 동포 자체를 국제화라고 할 수 있다. 그러나 여기에서는 재외동포들이 구체적으로 한국에 공헌한 것만 살펴보기로 한다.

그리고 한국이 주권을 상실하였을 때인 일제강점기에 한반도 밖에서 거주하던 모든 교민이 독립운동을 직·간접으로 도왔으며 의병을 조직하여 총칼로 일본군과 싸워 한국의 독립을 위하여 투쟁을 전개하였다. 이들의 의병활동이 없었다면 우리는 일제강점기에 죽은 민족이 되었을 것이다. 피눈물 나는 의병활동이 있었기에 우리는 살아 꿈틀거리는 민족으로 어려웠던 일제강점기를 헤쳐 나왔다. 한국의 독립을 위한 이러한 희생적인 전투는 여기에서는 제외하였다. 그것은 너무나 크나큰 희생이었기 때문에 이곳에서 살펴보려는 산업화니 국제화니 하는 차원을 넘어서기 때문이다. 말하자면 이곳에서는 '재외동포들이 1960년 이후의 공업화와 산업화 그리고 국제화에 어떠한 공헌을 하였는가?'로 한정하기로 한다.

II

초기 산업화와 재외동포

재외동포와 보다 적극적인 관계를 가진 것은 1960년도에 들어서서 제3공화
국인 박정희 대통령 시절에 우리나라가 산업화를 시작하면서부터이다. 이 시
기에 한국을 도와준 동포집단이 두 개 있었다. 하나는 재일동포이고 하나는 서
독에 파견된 우리의 광산근로자와 간호사이다.

1. 한국의 경제발전과 재외동포

한강의 기적

한국이 1960년대에 산업화를 시작하면서 무에서 유를 창출하였다는 의미에서 이것을 '한강의 기적'이라 한다. 이것은 제2차 세계대전 후 독일이 부흥한 것을 '라인 강의 기적'이라고 한 것에 빗대어 한 말이다. 그러나 제2차 세계대전 이후에 이룩한 독일의 경제부흥이나 일본의 경제 재건은 기적이 아니다. 왜냐하면 독일이나 일본은 영국, 프랑스, 미국, 소련 등 연합국과 어깨를 겨루고 싸울 만큼 강한 나라들이었다. 이들은 전쟁을 수행할 능력이 있는 나라들이었으나 연합국에게 강하게 얻어맞아 쓰러졌을 뿐이었다. 따라서 전후 부흥이란 것도 쓰러졌던 나라가 다시 일어난 것에 불과하다. 쓰러졌다가 다시 일어난 것은 기적이 될 수 없다.

제2차 세계대전 이후 인류의 역사에 기적이 있었다면 그것은 대한민국이라는 나라가 탄생한 것이다. 일본으로부터 해방되었을 때 한국은 전형적인 '식민지 경제체제'를 가진 나라였다. 식민지 경제체제란 완전히 독립된 경제순환체계를 갖추지 못한 상태를 말한다. 식민지 경제체제를 흔히 팔에 비유한다. 몸에서 떨어져 나간 팔에는 뼈와 근육, 혈관밖에 없어 이것은 몸체에서 떨어지면 곧바로 죽는다.

해방되었을 때 한국에는 방직공장과 맥주공장만 있었고, 북한에는 일본이 1930년대에 만주를 침공하면서 세운 중화학공업 단지와 발전소가 있었다. 그러다가 해방이 되면서 남북으로 갈리는 바람에 북한에서 보내오던 전기가 끊겼을 때 남쪽인 한국에서는 초롱불을 켜고 살 수밖에 없었다. 이런 상태로는 결코 한 나라의 경제순환체계를 유지할 수 있다고 할 수 없다. 해방된 한국은 완전한 의미의 식민지 경제체제였으며 독립된 산업체와 경제순환체계를 갖출 아무런 희망이 없던 나라였다.

더욱이 1950년에 시작하여 3년간 계속된 한국전쟁으로 남과 북의 산업시설은 완전히 파괴되어 남북한 모두 엄청난 피해를 보았으며, 무엇보다 남과 북이 품은 적대감은 오늘날까지도 상호 불신하는 근거가 되고 말았다. 한국전쟁이 끝난 후 약 500만 명의 북한 주민이 남한으로 이주하여 남한의 사정은 더욱 처참하였다. 휴전이 된 1953년, 한국의 GNP는 67달러였고 국민의 5분의 4가 농업에 종사하고 있었다.

생활필수품조차 부족하였던 당시 미국의 식량원조와 기본적인 생필품 조달로 생활의 안전을 추구해 나갔다. 당시 이승만 정부는 전쟁

피해로부터 경제 재건을 위해 진력하였다. 당시 광공업 부문에서 연평균 20%의 성장률을 기반으로 하여 경제 전반의 성장률은 5%를 유지하였으나 물가 상승률이 연평균 20~30%에 달하여 정부가 안정화 시책을 실시하였음에도 1958~1960년 사이의 경제성장률은 이전의 절반에 불과하였다. 그리하여 실질적인 산업화에 의한 경제성장은 박정희 대통령이 수출증대를 통해 경제성장을 주도한 1960년대부터 시작된다.

산업화

한국은 전 세계적으로 유례가 없을 만큼 빠른 속도로 경제성장을 거듭해왔다. 1960~1995년까지 연평균 9%의 실질 성장률을 보였으며, 2001년에는 스페인을 앞질렀고, 2010년에는 영국을 능가하여 세계 7위권에 진입하였다. 한국이 선진국 경제협력기구인 경제협력개발기구(OECD)에 가입함으로써 2차 대전 이후 선진국에 진입한 첫 번째 개발도상국가가 되었다. 더 나아가 한국은 원조를 받던 나라에서 다른 나라에 원조를 주는 나라, DAC에 가입한 나라가 되었다. 이것이야말로 기적이 아닐 수 없다.

1단계 도약: 1961~1971년

한국의 경제적 발전상을 크게 세 단계로 나누어 경공업을 발전시킨 시대, 중화학공업을 발전시킨 시기 그리고 국제화시기로 나누어보기로 한다. 1961년에 집권한 박정희 정부는 경제성장을 최우선 정책으로 하여 경제개발계획과 경제정책을 담당할 경제기획원을 설립하였고, 1962년부터 1차 경제개발 5개년 계획을 실시하였다. 정부는 경제계획에 필요한 자금을 효율적으로 관리하기 위하여 금융을 장악한다. 말하자면 정부는 중앙집권체제를 강화하여 산업화를 주도해 나간 것이다.

박정희 정부는 국내시장만으로는 경제성장의 효율성이 없다고 판단하고 수출을 국가 최고의 목표로 삼아 수출을 위하여 재정금융상의 각종 특혜를 주었다. 수출품 생산을 위해 수입하는 원자재와 자본설비에 대하여는 관세를 면제하고 수입 허가에 특별대우를 했으며, 후한 손모공제(wastage allowance)를 허락하는 등 수출상품을 제조하는 업자에게 많은 혜택을 주었다. 또한 수출산업에 대하여는 시장이율보다 낮은 특혜금융을 제공하고 해외차관의 공여에서도 편의를 도모하였다. 정부는 해외정보에 어두운 기업들을 위하여 대한무역진흥공사(Korean Trade Promotion Corporation; KOTRA)를 설립하여 기업인들의 수출을 지원하였다. 정부는 모든 체제를 경주하여 수출산업체를 육성하고 수출을 장려해 나갔다.

국내 저축만으로는 자원이 부족하다고 생각한 정부는 외자유치에 적극 나섰다. 한미 정상회담과 한독 정상회담을 개최하는 한편 투자유치단을 해외에 파견하여 외자유치에 힘을 기울였다. 특히 1965년, 한일조약으로 5만 달러의 유·무상의 보상은 외자유치에 큰 도움이 되었고 당시 독일에서 빌려온 차관이 큰 도움이 되었다.

이러한 정부의 수출 주도 성장 위주의 경제정책이 효과를 거두어 1962~1971년까지 1차와 2차 5개년 계획이 추진되는 동안 연평균 9.5%의 경제성장률을 달성하였고, 1962년도에는 5,500만 달러이던 수출액이 1971년에는 10억 7천만 달러로 연평균 40%의 증가율을 보였다. 이로써 산업구조의 변화를 초래하여 GNP에서 농업이 차지한 부분이 37%에서 27%로 하락하였고, 공업제품 수출이 차지하는 비율은 1962년에는 27%에서 1971년에는 86%로 증가하였다. 이리하여 우리나라는 농업국에서 공업국으로 탈바꿈하였으니 식량자주국에서 상품수출국이 되었다.

이러한 한국의 산업화와 경제성장 뒤에는 외국의 경제원조가 있었으며, 특히 서독에 파견된 광산근로자와 간호사의 이야기와 같은 눈물겨운 사연이 있었다.

2. 파독 광산근로자와 간호사

1960년 당시 유명하였던 것은 독일에 파송된 광산근로자와 간호사 이야기이다. 광산근로자는 3년 계약으로 1963년에서 1977년 사이에 8,395명 그리고 간호사 역시 3년 계약으로 1963년부터 1976년 사이에 10,371명이 독일에 도착한다. 말하자면 광산근로자와 간호사 약 2만 명이 계약노동자로 서독에 파견되었다.

1962년에 서독을 방문한 박정희 대통령과 독일의 뤼부케 대통령 사이에서 합의를 본 것 가운데 하나가 서독이 한국에 산업기술을 제공하는 것이었다. 그 일환으로 한국의 탄광 기술을 향상시켜 한국의 산업을 발전시키는 것이었고, 이에 따라 1963년 12월 한국 정부와 서독의 석탄광산협회의 협의에 의하여 한국으로부터 서독에 광부를 파견하는 계약을 체결하였다.

이에 따라 서독 광산에 근무할 한인 247명이 1963년에 서독에 도착하였다. 1965년에는 1,180명이 서독에 도착하였고, 그 후 몇 년간 인원이 감소되었다가 1970년에는 1천 명 이상이 되었으며, 1977년에는 795명이 도착한다. 이리하여 계약한 시점으로부터 15년간 우리나라에서 8,395명의 광산근로자가 서독에 파견되었다. 더욱 안타까운 사연은 서독에 파견된 광산근로자 중에는 광부가 하나도 없었고 모두 고등교육을 받은 도시 사람들이었다. 따라서 광산근로자를 '학사광부'라고도 하였다. 돈을 벌기 위하여 광부로 위장하여 서독의 광산근로자로 간 것이다.

광산근로자가 파견될 무렵 여자 간호사들도 서독으로 파견된다. 당시 서독에 있던 한국 의사 이수길 박사와 이종수 박사가 개인적으로 주선하여 1965년에서 1968년 사이에 한국 간호사 수십 명을 서독 병원에 취업시켰다. 1969년에는 한국의 해외개발공사가 서독의 독일 병원협회와 계약을 체결하여 한국의 간호사가 대거 독일 병원에 취업하여 1977년까지 도합 10,371명이 이주한다.

광산 분포에 따라 한국의 광산근로자는 뒤스부르크, 프랑크푸르트, 뮌헨 같은 독일의 서부 광산지대와 남부 독일에 분포되었고, 이와는 달리 간호사는 함부르크나 베를린 같은 북부 독일에 분포된다.

광산근로자 중 3년 계약기간이 끝난 후 한국으로 돌아온 사람이 40%, 독일에 남아 교민이 된 사람이 40% 그리고 다른 나라로 이주한 사람이 20%였다. 다른 나라로의 이민은 주로 미국이었다.

독일에 잔류한 광산근로자는 간호사와 결혼하여 가정을 이룬 사람들이며, 계약기간이 끝난 후 광산 이외의 다른 직종에서 보조노동자로 근무하였다. 광산근로자의 특성으로는 그들 사이의 두터운 우애를 들 수 있다. 이들은 독일에 이주한 연도를 기준으로 선후배의 질서를 지켰다. 한 사람이 사업을 하면 십시일반으로 협력하였으며, 특히 사업에 실패하면 그 사람이 다시 성공할 때까지 모두 후원을 아끼지 않고 도와주었다. 이로써 한인들의 단결력이 부족하고 모래알처럼 흩어지기만 한다는 것을 반박하기도 한다.

당시 광산근로자는 월 2,000마르크, 간호사는 1,500마르크를 받았으며 이것을 아껴 월급의 70~90%를 한국에 송금하였으니 이를 합치면 연간 5천만 달러를 송금하였다. 이것은 당시 한국 GNP의 2%나 되었다. 간호사의 경우에는 야근을 하면 돈을 더 받았고, 주말까지 근무하면 수당을 더 받았으며, 독일인들이 꺼려하는 시체 닦는 일을 하면 돈을 더 받는다고 하여 밤에 혼자 소름끼치는 시체를 닦는 일을 하여 한 푼이라도 더 벌고 이것을 아껴 한국에 송금한 것이다.

이것보다 중요한 것은 이들 광산근로자와 간호사가 제공할 3년치 노동력과 그에 따라 담보하게 될 노임을 담보로 독일이 1억 5천만 마르크의 상업차관을 한국정부에 제공한 것이다(재독한인글뤽아우프회, 2009; 75).

박정희 대통령의 서독 방문

　이때의 차관에 얽힌 이야기는 더욱 가슴 아프게 하는 것이었다. 1961년 11월, 박정희 대통령은 미국의 원조를 기대하고 존 F. 케네디 대통령을 찾아갔지만 쿠데타 정권이라는 이유로 문전 박대를 당하였다. 박정희 대통령은 서독으로 가기 위하여 5만 달러를 주고 20일간 미국의 노스웨스트 에어라인을 빌리려 했으나, 미국 의회에서 반대하는 바람에 무산되고 말았다.

　돈을 빌리기 위해 동분서주하던 박정희 대통령은 지구상의 또 하나의 분단국인 서독에 한 가닥 희망을 가졌다. 그러나 서독이 아무것도 가진 것 없는 한국에 선뜻 돈을 내줄 리는 없었다. 정부는 국내 최초로 독일에서 경제학박사 학위를 취득한 백영훈 교수를 불러들여 경제정책 판단관으로 임명하고, 1차 경제개발 5개년 계획을 작성하게 하였다. 그리고 백영훈을 서독 방문 시 통역관으로 수행케 하였다.

　1964년, 박정희 대통령은 루프트한자 항공기를 타고 14시간을 날아가 독일 쾨른/본 공항에 도착하였다. 이것은 홍콩을 경유하여 도쿄-본 노선에 취항하는 여객기로, 임시로 서울에 들러 박 대통령 일행을 태우고 간 것이다. 대통령 일행에게 기내 1등석과 2등석을 사용하게 하여 임시로 커튼을 쳐 다른 객실과 구별하였고 24명의 수행원들이 뒤쪽을 사용하였다.

한국의 대통령이 독일을 방문할 수 있었던 것은 독일에 근무하던 광산근로자와 간호사들 덕이었다. 낯설고 불리한 여건에서도 성실하고 근면한 한국인을 보고 독일인들은 감탄하였다. 서독 국회의원들은 대정부 질의에서 한국에 관심을 가져야 한다고 주장하였다. 이것이 박정희 대통령을 초청한 계기가 되었고, 그 결과 2차 상업차관 2억 마르크를 빌릴 수 있었다(재독한인글뤽아우프회, 2009; 45).

67세인 에르하르트 수상과의 회담 시 당시 47세였던 박 대통령은 "우리가 서독을 방문한 목적은 라인 강의 기적이라는 서독의 경제 발전 상을 배우기 위한 것도 있지만 돈을 빌리기 위해서입니다. 우리 군인들은 거짓말을 못합니다."라고 하였다.

그러자 에르하르트 수상은 박정희 대통령의 손을 꼭 잡고 이렇게 말했다. "내가 경제장관 할 때 한국에 두 번 다녀왔다. 한국은 산이 많고, 산이 많으면 경제발전이 어렵다. 독일을 보라. 히틀러는 아우토반(고속도로)을 깔았다. 한국에도 고속도로를 깔아야 한다. 그리고 그 길을 달릴 자동차를 만들어야 한다. 폭스바겐은 히틀러 때 만든 것이다. 자동차가 다니면 고용이 늘고, 새로운 산업이 일어나서 세금이 들어온다(재독한인글뤽아우프회, 2009; 45).

그 이야기를 듣고 있던 박 대통령의 눈이 반짝반짝 빛났다. 수상은 이야기를 계속하였다. "그런데 자동차를 만들려면 철이 필요하다. 그러니 제철공장을 만들어라. 정유공장도 필요하다. 연료도 필요하지만 앞으로는 석유화학공업 시대이다. 나일론 섬유, 플라스틱 공업 등 연관 산업이 일어난다. 독일에는 '마이스터'라는 기능장 제도가 있다. 한국도 기술 인력을 육성하는 제도가 필요하다. 한 나라의 경제가 안정되려면 중산층이 단단해야 하는데 그러려면 중소기업을 육성하여야 한다. 우리가 돕겠다. 경제고문을 보내주겠다(그 후 5명의 경제고문을 보내왔다)."

잠깐 말을 멈추었다가 에르하르트 수상은 마지막으로 부탁이 있다고 하면서 "일본과 손을 잡아야 한다. 이것이 공산주의를 막기 위한 중요한 일이다."라고 말했다. 그 말을 하는 순간 박 대통령의 안색이 싹 달라졌다. 그러나 수상은 아랑곳하지 않고 얘기를 계속하였다. "독일과 프랑스는 32번 싸웠다. 독일은 한 번도 싸움에서 진 적이 없다. 그러나 전쟁에선 모두 패했다. 독일은 지금도 한이 맺혀 있다. 그러나 2차 대전이 끝나자 서독의 아데나워 수상은 프랑스의 드골 대통령을 찾아가 악수했다. 한국도 그렇게 했으면 좋겠다." 박 대통령은 화난 사람처럼 "우리는 일본과 싸운 일이 없다. 매번 맞기만 했다. 얼마 전까지만 해도 일본이 한국을 36년 동안이나 지배했다."고 반박하였다. 그러자 에르하르트 수상은 "지도자는 미래를 봐야 한다."고 강조하였다. 박 대통령은 "일본이 사과하면 받아줄 수 있다. 우리는 아량이 없는 민족이 아니다."라면서 굳은 얼굴을 폈다. 박 대통령은 산업화를 추진하는 과정에서 독일의 에르하르트 수상에게서 많은 것을 배운 것으로 짐작된다(재독한인글뤽아우프회, 2009; 46).

다음날 박 대통령은 뤼브케 대통령의 안내로 한국 광부들이 있는 탄광으로 향했다. 미국이 외면한 경제 원조를 서독이 약속하기까지 광부들의 역할은 절대적인 것이었다. 감회가 남다를 수밖에 없었다.

12월 10일, 루르 탄광지대에서 박 대통령을 기다리던 500명의 광부들의 얼굴에는 석탄이 묻어 있었고 온통 흙투성이였다. 박 대통령과 육영수 여사가 단상에 올랐다. 함보른 탄광 광부들로 구성된 브라스 밴드가 애국가를 연주하기 시작하였다. 차츰 커지던 애국가 소리가 '무궁화 삼천리 화려강산'으로 가자 목이 멘 소리로 변하더니 끝내 울음소리로 가사를 대신하였다. 밴드의 애국가 연주가 끝나자 박 대통령은 손수건으로 눈물을 훔치고 코를 풀더니 연단으로 걸어 나가 "여러분! 만리타향에서 이렇게 상봉하게 되니 감개무량합니다."라고 말을 꺼냈다. 그러나 대통령의 준비된 연설은 여기서 몇 구절 더 나아가지 못했다. 이 구석 저 구석에서 흐느낌이 통곡으로 변해갔기 때문이다. 그러자 박 대통령은 연설원고를 옆으로 밀쳐버렸다. "광부 여러분! 간호사 여러분! 가족이나 고향 생각에 괴로움이 많을 줄 압니다. 비록 우리 생전에는 이룩하지 못하더라도 후손을 위하여 번영의 터전만이라도 닦아놓읍시다." 결국 대통령은 연설을 마무리 짓지 못했다. 대통령 본인도 울어버렸기 때문이다. 박 대통령은 광부들에게 파고다 담배 500갑을 선물로 나누어주고 광부들의 개인 기숙사를 일일이 방문하고 격려한 다음 돌아갈 차에 올라탔다(재독한인글뤽아우프회, 2009; 40).

박 대통령의 독일 방문은 한국 근대화 과정에서 빼놓을 수 없는 귀중한 장면이었다. 대통령의 눈물도 눈물이려니와 독일의 차관이 근대화의 밑받침이 되었다. 노무현 정권이 한창이던 시절, 육사 교장 김충배 장군이 육사 졸업식에 독일 광산근로자와 간호사의 이야기를 하고 이러한 선배들이 이룩한 이 나라를 잘 지켜달라고 졸업생들에게 부탁하는 졸업식 연설은 한때 서울의 지식인 사회를 울렸다.

독일 광산근로자와 간호사

당시 한국에서 파견된 간호사들은 대부분 미혼이었기 때문에 한국 광산근로자와 결혼하거나 한국 유학생 또는 독일 남자와 결혼하였다. 3년 계약이 끝나고 간호사와 결혼한 광산근로자들은 간호사의 체류기간 연기로 독일 교민이 되었다. 한국 간호사들은 처음 1년 동안은 독일어가 부족하여 고생하거나 독일 간호사들에게 괄시도 많이 받았다. 하지만 1년이 넘어 독일어가 트이자 상냥하고 고분고분한 한국 간호사들은 의사의 말도 잘 듣고 무엇보다 환자를 희생적으로 돌보았다. 특히 노인들을 공경하여 독일 병원에서 인기가 좋았고 병원이 체류기간을 3년에서 5년으로 연기하더니 종신 일하라고 하여 대부분 독일에 남게 된다.

독일에 남아 동포가 된 광산근로자는 그 후 제약회사, 식품회사, 자동차회사, 기계공장 등에서 단순 노동자로 근무하였고 몇 년 후 동양 식품점, 의류상, 선물상점, 무역업 등을 경영하는 사람도 나오게 된다. 개중에는 학업을 계속하여 박사가 되거나 교수가 된 사람도 있다. 간호사의 경우에도 공부를 계속하여 박사가 된 사람도 있고, 독일 남편을 의사로 만든 간호사도 있었다.

이들 한인은 독일 이외의 나라로도 이주했는데, 프랑스, 오스트리아, 스위스, 벨기에, 네덜란드, 스페인, 덴마크, 스웨덴, 영국 등 유럽 여러 나라로 퍼져 나갔고, 말리, 캐나다, 미국, 호주 그리고 사우디아라비아까지 흩어져 갔다. 특히 미국으로는 400~500명 정도가 이주했다. 독일에서 이주해 간 이들 미국 동포들은 로스앤젤레스, 시카고, 뉴욕 등 한인들이 다수 거주하는 지역에 코리아타운을 건설하여 미국 이민의 코리안 센터를 건설하기도 하였다.

한편, 독일에 남은 재독동포들에게는 이런 일이 있었다. 1973년, 전 세계적으로 석유파동이 일어나자 독일에서는 외국인 노동자에 대한 유입금지령을 내려 외국인 노동자에 대한 배척운동이 야기되었고, 독일 여론도 외국인 노동자에 대하여 좋지 않는 기사를 싣기도 하였다. 독일에서 외국인 노동자라고 하면 다수를 차지하는 것이 터키계 노동자로, 한국의 광산근로자나 간호사는 그 축에도 끼지 못하는 소수의 소수였다. 그러나 한국 간호사들이 중심이 되어 1975년 성탄절을 기해 베를린 교회에서 독일 인권문제연구소, 독일 신학대학 노동자회, 베를린한인교회의 3자가 모임을 갖고 외국인 노동자에 대한 해직이나 불리한 대우가 인권문제임을 천명하고 이에 대한 독일 정부의 시정을 요구하는 운동을 전개하였으며, 550여 명의 서명을 받는 한편 6천여 명이 피켓을 들고 가두시위를 벌였다. 이에 대해 여론과 의회가 동조하여 결국 외국인 차별대우를 시정하는 정책을 하게 하여 독일 사회에 큰 공헌을 하였다.

독일 교민들은 한국이 올림픽 유치를 위해 바덴바덴에서 운동할 1981년 당시 음양으로 많은 도움을 주었다. 2005년은 독일에서 '한국의 해'였다. 노무현 대통령이 5일간 독일에 머무를 때 그리고 동년 9월 한국이 아시아태평양 주간 중심국이 되었을 때, 동년 10월 프랑크푸르트 도서전에서 한국이 주빈국이 되었을 때 재독동포들은 온힘을 다하여 한국을 위하여 헌신적인 공헌을 하였다.

유럽의 나라들이 그러하듯 독일도 이민을 받는 나라가 아니다. 이런 나라에 한국 교민이 있다는 것 자체가 기적 같은 일이고, 이것을 이룬 것이 한국의 광산근로자와 간호사들이다. 이들을 비유하여 말하자면 속리산 등산로 옆의 큰 바위 위에 자란 소나무들과 같다. 이민을 수용하지 않는 나라의 이민이 된 우리 교민은 성실한 삶을 영위하여 독일을 위시해 다른 유럽 나라들에서도 칭찬받는 귀한 외국인으로 살아가며, 특히 2세와 3세들은 사회적으로 큰 공헌을 하여 존경받는 외국인으로 살아가고 있다. 외국에 사는 것 자체가 국제화라는 말을 실감나게 하는 곳이 유럽이고, 독일이라면 서독의 광산근로자와 간호사가 한국의 국제화에 크게 공헌한 사람들이다.

3. 재일동포의 경제적 공헌

재독동포보다 더 빨리 그리고 더 많은 금액으로 한국을 도운 동포
가 바로 일본에 사는 재일동포들이다. 재일동포는 이미 1960년대부
터 한국을 돕기 시작하였으며, 1970년대가 한국 원조의 절정기를 이
룬다. 특히 한국에서 새마을운동이 전개되자 재일동포들은 자기 고향
에 다리를 놓아주거나 새마을 회관을 건립하거나 학교에 오르간을 희
사하는 등 크고 작은 헌납운동을 전개해왔다. 민단 중앙본부가 집계
한 바에 의하면 재일동포들은 새마을운동에 4억 2천만 엔을 선금으
로 보냈다고 한다.

무역인협회

1956년, 한국전쟁이 끝나자 재일동포들은 재일한교(在日韓僑) 생산
품 수출조합을 결성하여 한국 생산품의 수출을 도왔고, 이것을 '한국

인 무역협회'로 발전시켰다. 그러고 나서 동포 상공인들은 재일한국인 상공회의소 내에 한국인 상공회 무역부회를 둔다. 이들 재일동포 경제인 모임은 어떻게 해서라도 한국 제품을 구매하고, 한국 제품을 일본에 판매하기 위한 노력을 계속하였다. 일본은 한국을 식민지로 삼았던 과거 역사가 있어서인지 한국 제품을 제대로 인정하지 않았다. 이러한 여건에서 한국 제품을 선전하고 판매한다는 것은 대단히 힘들고 어려운 일이었다.

올림픽 후원

한국에 큰 도움을 준 것으로는 재일동포들이 한국인 운동선수들을 도운 것이다. 1948년 7월 29일, 영국 런던에서 국제 올림픽이 개최되었는데 여기에 한국 선수와 임원을 합쳐 모두 67명이 참가하였다. 이때는 대한민국이 수립되기 직전이어서 본국에서는 이들을 후원할 여력이 없었다. 이에 재일동포 체육회에서 이들을 일본에 초청하여 유니폼과 트레이닝 그리고 각종 스포츠 장비를 지원하고, 동포들에게서 모금한 후원금 64만 9,500엔을 주어 올림픽에 참가하게 하였다(재일동포모국공적조사위원회, 2008; 135).

한국 내에서 개최된 체전에도 재일동포들은 적극적으로 후원하였다. 1953년 체전은 물론 1957년 전국체전에 경기용품, 선수 유니폼,

트레이닝복, 농구 골대, 정구 라켓, 사이클 등의 용품을 기증하여 체전을 치르게 하였다. 또한 1963년 대회 때도 도와주었다. 한국을 원조한 것 중 주목할 것은 1956년 재일동포 고교 야구단을 파견하여 한국 야구 발전의 기틀을 마련한 것인데, 당시 재일동포 야구선수 장훈, 김정일, 김성근 감독까지 보내 왔다.

1964년, 동경에서 개최된 올림픽에 한국이 참가할 수 있었던 것도 재일동포들의 경제적인 후원이 있어 가능하였다. 당시 한국은 16개 종목, 212명의 선수가 참가하였다. 당시 민단이 중심이 되어 재일동포들이 1억 4천6백만 엔을 걷어 환영식을 크게 해주었고, 그에 힘입어 한국 선수단은 종합 11위를 달성할 수 있었다.

1972년 뮌헨 대회, 1975년 동계올림픽에 출전할 선수들의 스케이트를 사주었고 선수 전원의 훈련비를 담당해주었다. 1976년 몬트리올 올림픽 참가에도 원조해주었다. 1986년 아시안 게임에도 재일동포들이 한국을 지원하였다. 재일동포들은 한국 선수들이 국제무대에서 활동하는 것뿐 아니라 국내 체육대회 등에도 정성으로 도와주었다.

공관 기증

재일동포는 전 세계적으로 유례를 찾을 수 없을 만큼 조국에 지대한 공헌을 하였다. 그것은 일본에 있는 9개의 한국 공관을 기증한 것이다. 동경의 가장 유명한 곳에 건립된 한국 대사관은 1952년 재일동포 갑부인 서갑호(徐甲虎)가 미나미아자부(南麻布) 1번지에 있는 개인 재산을 주일대표부로 사용하도록 기증한 것이다. 동경의 미나미아자부 지역은 동경에서도 지가가 가장 비싼 지역이다.

오사카에 있는 9층짜리 건물인 한국영사관은 오사카 일대에 거주하는 동포들이 성금을 모아 오사카 시내에서 가장 비싼 중앙구 니시신사이바시(西心齋橋)의 부지를 3억 2천만 엔을 들여 구입하여 평당 200만 엔을 들여 건물을 지어준 것이다. 이와 같이 개인이 희사하거나 동포의 성금으로 영사관을 지어 한국 정부에 희사한 것이 9개의 공관들이다(재일동포모국공적조사위원회, 2008; 239).

재일동포들이 기증한 9개의 공관은 동경, 오사카(大坂), 요코하마(横浜), 후쿠오카(福岡), 나고야(名古屋), 고베(神戸), 시모노세키(下關), 삿포로(札幌), 센다이(仙臺)의 총영사관이고, 니가타(新潟), 나하(那覇) 영사관은 한국 정부에서 구입한 것이다. 이들의 소재지와 건평 그리고 당시 시가를 보면 다음과 같다.

공관명	소재지	대지 면적	건축 면적	시가	비 고
대사관	東京都港區南麻布1-2-5	3,088평		1,234억	
오사카	大阪市南區三津寺町12	157.08평	142.04평	157억	지하 2, 지상 9층
요코하마	橫浜市中區山手町118	544평	142평	163억	지상 2층
후쿠오카	福岡市中央區赤坂	96평	199.98평	18억	지상 3층
나고야	名古屋市東區東大曾根町	122평	142평	2억	지상 2층
고베	神戶市中央區中山手通	127.76평	220.38평	25억	지하 2, 지상 3층
시모노세키	下關市東大和町	300평	200평	3억	지상 2층
삿포로	札幌市中央區北三條西	296.05평	115.37평	6억	지상 2층
센다이	仙臺市上杉	300평	55.52평	6억	지상 2층

이들 대사관과 8개 총영사관의 총합계는 당시 시가로 1,614억 엔이지만, 현 시가로는 4조 엔이 넘는 것으로 추정한다(재외동포재단, 2009; 16).

서갑호 기증

초기 재일동포 가운데 한국을 도운 대표적인 분은 서갑호이다. 1962년, 한국이 제1차 경제 5개년 계획을 시작하였을 때였다. 당시 한국의 외환보유고는 1억 6,538만 달러였고 그중 마음 놓고 사용할 수 있는 가용외환은 40%인 2,000만 달러에 불과하였다. 당시 한국의 수출이 5,400만 달러였을 때이다. 당시 일본 전체 백만장자 3위였던 서갑호는 오사카에 사가모토방직(阪本紡織)을 소유하고 있었다. 그는 한국 태창방직을 인수하기 위해 100만 달러를 한국에 송금하였다. 그는

1963년, 고향에 방림방직(邦林訪織)을 설립하고 1조 원을 투자하여 서울에 방림방직을 건립하였으며, 대구에 유성방직을 소유하고 있었으니 직원이 7천 명에 달하였다. 1963년과 1964년 본국에 도입한 동포 재산은 모두 2,569만 달러라고 한다(재일동포모국공적조사위원회, 2008; 183). 이러한 희생적인 회사가 있었으나 한국의 방직공장이 화재로 타격을 입는 바람에 서갑호 씨의 조국에 대한 희사는 결국 물거품으로 돌아가고 만다. 한국에서 재미를 보지 못하고 한국에서의 사업이 실패로 돌아갔지만 재일동포들은 원망도 하지 않고 온갖 정성을 다하여 계속 한국을 도왔으며 그 대표적인 효시가 서갑호였다.

공단 건립

박정희 대통령은 제1차 경제 5개년 계획을 시작하였을 때만 해도 농업의 부흥을 통하여 한국의 경제난을 타개할 예정이었다. 그러나 한국 코오롱(Kolon)의 이원만(李源萬) 사장으로부터 공단 제의를 받고 수출 위주의 공산품 제조를 위하여 재일동포가 중심이 된 구로공단(九老工團)을 설립하였으며 이름 하여 '제1 한국수출산업공업공단'이라고 하였다. 1966년 7월에 건립한 구로공단에는 재일동포가 운영한 공장 18개 사, 한국 9개 사, 미국 1개 사 등을 가동하기 시작하였다. 이곳에 재일동포들이 일본의 최신식 기계를 수입하여 섬유, 기계, 전자, 전기, 금속, 화학 등 여러 분야의 생산품을 제조하여 해외로 수출하였으니 당시 이곳에서의 수출이 우리나라 전체 수출의 15%를 차지하였다. 첫해인 1964년의 1만 6천 달러 수출을 시작으로 1965년에는 155만 달러로 급증하였으며, 1970년대 초까지 한국의 수출을 선도하는 기능을 담당하였다. 구로공단에 이어 반월공단, 마산 수출공단이 세워진다(재일동포모국공적조사위원회, 2008; 79).

재일동포들이 시작한 구로공단은 당시 '수출의 전진기지'라고 불릴 만큼 중요한 역할을 하였다. 이보다 더 중요한 것은 당시 일본의 선진 기계를 수입하여 이것을 한국 기술자에게 전수하는 선진 기술의 도입과 전수 역할을 한 것이다. 말하자면 한국이 제1차 그리고 제2차 경제 5개년 계획을 성공적으로 이끌 수 있었던 것은 재일동포들의 투자와 기술 전수에 힘입은 바 크다. 말하자면 한국이 한강의 기적을 시작할 때 재일동포들이 그 출발선의 선두에 서 있었다(재일동포모국공적조사위원회, 2008; 89).

만국박람회

1970년, 오사카에서 만국박람회가 개최되었을 때도 한국관 건립 기금으로 2억 4천만 엔(70만 달러)을 모아 한국 정부를 후원하였고, 한국 상품을 소개하고 한국을 전 세계에 알리는 데 크게 공헌하였다. 대회 기간 중 625만 명이 한국관을 찾았으니 흥행 1~2위를 차지하였다고 한다(재일동포모국공적조사위원회, 2008: 235).

성금 보내기

　재일동포들이 모국을 도와줄 때 우리보다 월등히 잘살아서가 아니었다. 그들은 일본에 살고 있었으나 일본인들보다 가난하였다. 그러나 모국보다는 자신들이 좀 낫게 산다고 생각하고 마음으로 도와주었다. 개인적으로 자기 고향의 일가친척을 도와준 것은 1950년대부터 시작되었지만 공적인 것으로 알려진 것은 한국전쟁 때 위문주머니를 보낸 것에서 시작된다. 다음으로는 1962년에 시작한 '농어촌 라디오 보급운동'이다. 당시 라디오도 없던 한국에 재일동포들은 200대의 라디오를 보내왔다. 그리고 한국이 가난하여 이른바 보릿고개일 때는 '구호미 보내기운동'을 전개하여 1963년 최악의 식량난을 겪을 때는 쌀을 보내왔다.

　재일동포는 거의 매년 도움을 주었으며 폭우나 태풍수해가 나면 수해의연금을 보내왔다. 1976년의 이리시 폭파 사건, 1995년의 대구 지하철 참사, 2008년의 서울 숭례문 소실 사건 등에 성금을 모아 보내왔다. 성금 중에서 가장 규모가 크고 장기적인 것으로는 새마을운동 때였다.

4. 새마을운동과 재일동포

새마을운동이 시작되던 1960년대 초, 재일동포들은 처음에는 한우 사주기와 새마을운동 사업 지원금을 보내는 것으로 시작하였다. 재일민단과 한국의 내무부가 집계한 것에 따르면 성금은 모두 11억 2,212만 엔이라 한다. 이것을 근년의 것으로 환산하면 141억 엔이나 된다.

새마을운동이 시작되자 새마을운동을 지원하기 위하여 250명의 새마을운동 참가자를 모집하여 한국에 파견하였다. 민단은 2세, 3세로 이루어진 '새마을심기청년봉사단'을 조직하여 120명으로 구성된 방문단을 한국에 보냈고, 4억 2천만 엔을 모금하여 자매결연한 한국의 122개 마을에 성금을 보내 사업을 추진하게 하였다(공봉식 · 이영동, 1997; 514).

재일동포가 한국의 자기 고향을 개별적으로 도와준 것 이외에 민단을 통하여 자매결연을 하여 도와준 것은 1973년부터 1977년까지

148개 마을에 지원하였고, 성금은 5억 244만 원에 달하였다. 자매결연을 한 마을은 경기 20개, 강원 17개, 충청 29개, 경상 47개, 전라 26개, 제주 9개, 합계 148개 마을이다(재일동포모국공적조사위원회, 2008: 141).

개인들이 펼친 고향발전 지원사업은 마을의 도로 포장과 다리 신축, 마을회관 또는 경로당 건립, 전화, 전기, 수도 개설, 학교 건립이나 장학 사업, 정미소나 축사 건립, 과실수나 벚꽃나무 심기 등이었다.

재일동포모국공적조사위원회가 밝힌 새마을운동 시기를 중심으로 자기 고향에 새마을회관이나 학교 등을 기증하고 전기를 가설하는 등 많은 공헌을 한 사람 중 유명한 사람을 열거하면 제주도의 안재호(安在祜), 강원도 고성의 한녹춘(韓錄春), 경상북도 경산군의 허필석(許弼奭), 경상남도 거창군의 배익천(裵翊天), 경상북도 의성군의 이상래(李相來)와 이상경(李相慶) 형제, 충청남도 홍성군의 정덕영(鄭德永), 경기도 파주시를 도와준 배순희(裵順姬), 경상북도 영덕군의 권병우(權炳佑), 경상북도 선산군의 곽을덕(郭乙德), 경상북도 영풍군의 남정광(南政廣), 경상북도 선산군의 남봉섭(南棒燮), 제주도 남제주군의 강충남(姜忠南), 전라남도 구례군의 오진섭(嗚鎭燮), 경상북도 청도군의 이정기(李貞基), 북제주군 한림읍의 이홍식(李洪植), 제주도 남제주군의 강공권(姜公權), 제주도 북제주군을 도운 2세 김정광(金正廣), 전라남도 광양군의 정용임(鄭容任), 전라북도 순창군의 정남채(鄭南采), 경상남도 함안국의 안수창(安洙昌), 제주도 남제주군의 이두후(李斗厚), 전라북도 부안군의 이진호(李振鎬), 경상북도 청도군의 김종달(金鐘達), 충청북도 청원군의 최종식

(崔宗植), 경상남도 을주군의 양철석(梁徹錫), 경상남도 청송군의 조용낙(趙鏞洛), 경상북도 의성군의 박남분(朴南紛), 제주도 제주시의 김영조(金永祚), 경상북도 청도군의 이상만(李相萬), 제주도 제주시의 전을현(全乙現), 전라북도 남원군의 김재명(沈載明), 경상남도 남을주군의 신격호(辛格浩), 충청남도 금산면의 곽유지(郭裕之), 경상남도 진주시의 하경완(河京完), 제씨 등이다.

안재호를 대표로 들어보면 그는 13세에 도일하여 갖은 고생을 다하고 일본 굴지의 화학회사인 일본유기화학공업을 비롯하여 6개의 회사를 경영하는 갑부가 된다. 안 씨는 가시리 초등학교 교실 신축을 위하여 200만 원, 마을회관 건립을 위하여 200만 원, 표선중학교 부지구입 및 시설비 350만 원, 표선면회의소 건축비로 100만 원을 기부한다. 또한 1974년 표선중학교 운동장 정비를 위하여 200만 원, 도로포장비 100만 원, 1976년에는 제주도 동부 산업도로 포장비로 400만 원, 가시리 공원 조성비로 1,000만 원, 가시리 초등학교 과학실 신축 비용 300만 원, 표선중학교 교실 신축 비용 200만 원 등을 희사하였다(재일동포모국공적조사위원회, 2008; 200). 다른 동포들은 안재호 씨보다는 못하다 해도 자기 마을 하나만을 위한 것보다는 여러 사업을 도와주었다.

제주도 감귤

재일동포가 조국에 기여한 것 중 대표적인 것이 바로 제주도 감귤이다. 1960년대 일본에 살던 제주도 출신들이 '재일제주개발협회'를 조직하고, 이곳이 중심이 되어 '감귤묘목 보내기운동'을 전개하였다. 동포들은 묘목 500그루를 보낸 것에서 시작하여 1970년까지 9년간 묘목 314만 그루를 보내 제주도는 감귤생산지로 변하였고, 이것으로 제주도는 경제적으로 여유를 갖게 된다. 재일동포는 묘목만 가져다 준 것이 아니었다. 계속하여 제주도의 젊은이들을 일본에 초청해 재배기술을 연수하게 하였고, 일본에서 제주도에 기술자를 보내 기술을 직접 지도하기도 하였으며, 첨단 농기계 140여 대를 기증하기도 하였다. 그리고 새로운 기술이나 품종이 개발되면 바로 전해주었다. 1974년 3월부터 4월까지 한 달간 모두 10개의 신품종과 9천 그루의 감귤 묘목을 보냈고, 1980년에는 3만 5천 그루의 신품종 묘목을 전해주었다(재일동포모국공적조사위원회, 2008; 164).

나무 심기

1972년, 새마을운동의 첫 사업으로 '나무 심기'운동을 시작할 때 재일동포는 '60만 새마음 심기운동'을 시작하여 1972년부터 1976년까지 594명이 한국의 식수에 참가하여 738정보에 1,629,800그루의 나무를 심었다. 이 시기에 유명한 것은 일본 사이타마 현에 거주하는 편수개(片守介) 씨가 진해시 벚꽃나무 1만 6천 그루를 심은 것이다. 청주 무심천변, 속리산 국립공원 초입 도로, 수안보 온천 진입로, 부산 김해 국제공항 관문 거리 등은 재일동포가 심어준 나무로 명소가 된 곳들이다. 재일동포는 아무런 보수 없이 무조건 조국인 한국을 도와 주었고 도와준 범위도 다양하여 새마을운동에서 나무심기까지 공동체 외의 지역사회까지 도와주었다. 외국에 거주하는 동포가 한국을 도와준 것을 국제화라 한다면 재일동포들은 1950년 한국이 건국한 이래 1960년대와 1970년대의 가장 힘들고 어려운 때 직접적인 도움을 준, 말하자면 직접적인 국제화를 실천한 동포들이다(재일동포모국공적조사위원회, 2008; 185).

한국의 포상

조국에 대한 희생의 대가는 한국에서 수여한 훈장이다. 1963년부터 2006년까지 재일동포가 수여한 훈장으로는 무궁화 훈장 20개, 모란장 70개, 동백장 681개, 목련장 289개, 석류장 58개, 국민표창 129명이었다. 이것이 1960년대와 1970년대에 걸쳐 재일동포가 조국에 헌납한 것에 대한 보답이었다.

신한은행

한국의 저명한 기업인 코오롱, 오리엔트시계, 포항제철, 롯데 등은 재일동포가 후원하거나 직접 경영하는 기업으로, 그중에서도 가장 유명한 것이 신한은행이다. 처음 재일동포들이 1977년 1월 자본금 5억 원으로 재일한국인 본국투자협을 설립하고, 이희건(李熙健) 회장을 중심으로 당국에 호소하여 동년 8월에 제일투자금융의 영업을 개시한다. 이것을 확대 개편한 것이 1982년에 설립한 신한은행이다. 한국증권거래소의 전무이사인 김세창(金世昌)을 영입하여 초대 행장으로 하고 신한은행 영업을 개시한다(신한은행, 2005; 25).

이어 재일동포들은 신한금융지주회사를 설립하였으며 신한증권과 신한생명보험을 설립한다. 신한은행은 1982년 250억 원, 직원 279명으로 시작하였으나 2006년 조흥은행을 통합하여 자산이 164조 원, 지점이 946개, 직원이 11,000명에 달하는 한국 2위 규모로 성장한다(재일동포모국공적조사위원회, 2008; 109).

재일동포 사회

한국을 도와준 재일동포들이 한국보다 월등히 잘산 것도 아니고 일본 사회가 평화로웠던 시기도 아니다. 재일동포 사회 내에서는 조련과 민단으로 갈려 심한 대립을 하였고 일본 사회로부터는 전 세계적으로 유례가 없을 만큼 심한 편견과 차별 속에서 살 때였다.

해방되면서 동포들이 조직한 것이 재일본조선인연맹(在日本朝鮮人連盟: 줄여서 조련)이다. 조련은 감옥에서 17년 만에 석방된 김천해(金天海)를 최고고문으로 추대하였던바 그가 일본공산당원이었기에 조련은 좌경하여 일본공산당의 지시를 받게 된다. 재일동포 사회는 한반도에서도 주로 경상도, 전라도, 제주도 사람들이 대부분이었기 때문에 대한민국을 지지하는 것을 당연하게 생각하였다. 그리하여 조련에 반대하고 조직한 것이 재일조선인거류민단(在日朝鮮人居留民團: 민단)이다. 한국을 지지하는 민단은 조련보다 늦게 조직하였기 때문에 인원에서나 경제면에서나 조련보다 열세하였으며, 1950년대만 하여도 대낮에 민단이 습격을 당하는 일도 있었고 민단 단장이 밤에 테러를 당하는 일도 있었다.

조련은 일본 정부에 의하여 테러 집단이라는 명목으로 해산당하고 다시 조직된 것이 조선인총연합회(조총련)이다. 조련이 일본공산당의 지시를 받았다면 조총련은 북한의 지시를 받는 단체라는 차이가 있다. 민단과 조총련이 크게 투쟁한 것은 1959년에 있었던 북송사건이다. 새로 조직된 조총련은 재일동포를 북한에 보내는 사업을 전개한다. 한국전쟁으로 인원이 부족한 부분을 재일동포로 충당하려는 북한의 속셈과 귀찮은 존재인 재일동포를 한 명이라도 더 국외로 내보내려는 일본의 속셈이 맞아떨어져 북송사건이 발생하였다. 조총련은 북한이 낙원이라 선전하며 북송 희망자를 모집하였다. 민단은 이를 결사적으로 막았는데, 심지어 트럭이 지나가는 도로에 드러눕기도 하였다. 북한의 감언이설에 속아 재일동포 8만 3천 명이 1960년과 1961년에 걸쳐 북한으로 갔다. 그 후에는 소수만이 갔으며, 얼마 후에는 완전히 중단되고 만다. 그것은 지상낙원이라는 북한이 거짓이라는 것을 알게 되었기 때문이다. 당시 북송된 사람들은 오늘날까지도 북한을 벗어나지 못하고 있다.

조총련의 북송을 민단이 반대한 것과 마찬가지로 민단 사업을 조총련이 결사적으로 반대한 것이 바로 1965년에 체결된 한일조약이다. 조총련은 민단에 대하여 극구 반대투쟁을 전개하였으나 한일조약은 체결되고 만다. 재일동포가 극성스럽게 한국을 도와주던 1950년과 1960년 사이에 재일동포들은 민단과 조총련으로 갈려 목숨을 내건 극한투쟁을 했다.

민단과 조총련의 대립보다 무서운 것이 일본의 차별과 편견이었다. 재일동포는 개인 집은 물론 주택공단에서 건립한 공영주택에도 입주할 수 없었다. 전세방을 얻는 데도 주인이 한국인임을 확인하면 거절당하는 것이 일반적이었다.

교육에서도 큰 차별을 받았다. 일본은 중학교까지 의무교육이지만 재일동포들은 소학교에서도 특별서약서를 요구받거나 입학을 거절당하는 사례들이 있었다. 차별이 노골적으로 표현된 것은 고등학교였다. 고등학교 입학요강에 한국인은 받지 않는다고 명기한 곳이 많았으며 한국인인 경우 학교장의 특별한 추천이 있으면 고려한다는 문구가 있었다.

간신히 입학하여 학교에 다닌다고 해도 일본 학생들은 한국 학생을 못 견디게 굴었다. 이로 인한 사건이 1979년 9월 기다마 현(?) 우에후쿠오카시(上福岡市)에 살던 중학교 1학년이던 임현일(林賢一) 자살사건이다. 그는 아버지가 한국인이고 어머니가 일본인인데도 급우들의 왕따로 인해 유서를 남기고 12층 옥상에서 투신자살하였다. 고등학교나 대학을 졸업하여도 취업에서 차별대우를 받았다. 호적등본을 가져오라는 직장은 한국인을 받지 않겠다는 것을 의미하는 것이 된다. 말하자면 재일동포의 생활이란 좌절의 연속이었다고 할 수 있다.

재일동포의 차별과 편견의 서러움을 조국으로 돌린 사건이 문세광(文世光) 사건이다. 조총련의 사주를 받은 청년 문세광이 1974년 8월 15일 광복절 기념식장에서 박 대통령의 부인 육영수 여사를 살해하였다. 이에 대하여 민단은 조총련 사무소를 습격하여 기물을 파괴하는 보복을 하였고 민단 단원에게 50시간의 민족교육을 실시하였다.

재일동포가 차별과 학대를 받은 가장 처참한 사건이 김희로 사건이다. 김희로는 평생 일본인에게 시달림을 당하여 몇 번 자살을 시도하다가 결국 1968년 여관에서 인질극을 벌이다가 체포되어 감옥살이를 한다. 이러한 1960년대를 지나 1970년에 들어서면서 큰 사건이 벌어지니 이것이 박종석 사건이다. 이것을 일명 '히타치(日立)사건'이라고도 한다.

동포 2세인 박종석 군은 1970년에 고등학교를 졸업하고 일본의 재벌급인 히타치 회사 신입사원 모집에 응모하여 합격통지를 받았다. 이곳에서도 합격자에게 호적을 요구하여 박종석 군은 결국 채용되지 못했다. 이것을 안 일본 동창이 앞장서고 일본 지식인 그리고 재일대한기독교협회장인 이인하(李仁夏) 목사가 주동이 되어 '박 군을 둘러싼 회'를 조직하여 요코하마 재판소에 소송을 제기한 한편 한인들의 억울한 차별대우를 일본 사회에 호소하였다.

이 운동이 활기를 띠기 시작한 것은 동경고등재판소 나카다히라 겐기치(中平健吉) 판사가 박 군의 소송을 맡기 위해 판사직을 사퇴하고 박 군의 주임변호사가 된 이후이다. 박 군을 둘러싼 회는 매달 집회를 갖고 히타치 탄핵을 위한 학습을 하였으며, 이것이 일본 전국으로 확산되어 나갔다. 박 군을 둘러싼 회 활동이 한국에까지 전해져 한국에서 히타치 제품 불매운동이 전개되었고, 이것이 기독교회를 통하여 미국에 전파되어 미국에서마저 히타치 제품 불매운동이 전개되었다. 전 세계적인 여론에 밀린 일본은 결국 3년 만에 박 군을 승소로 판정하였다. 히타치 사건이 박 군의 승리로 돌아가자 민단은 재빨리 이들 시민단체와 긴밀한 연락을 가지면서 이른바 권익운동에 참가한다.

박종석 사건과 유사한 것이 김경득(金敬得) 사건이다. 1977년 와세다 대학을 졸업한 김경득 군은 변호사가 되는 사법고시에 합격하였다. 일본 사법부는 이전의 예와 같이 김경득 군에게 귀화를 권유하였다. 이에 대해 김 군은 재일동포를 변호하기 위하여 변호사 시험을 치렀는데 자기가 귀화하면 아무 의미가 없는 것이 되니 귀화하지 않고 변호사가 되게 해달라고 사법부와 일본 변호사협회에 호소하였다. 일본 사법부는 그의 뜻을 받아들여 한국국적을 가진 채 일본에서 변호사 활동을 하게 하였다.

히타치 사건을 계기로 오사카에서는 한국오사카청년회의소, 재일기독교회관, 재일관서지방여자전도회, 재일청년연합회, 그리고 재일한국인민주간담회의 4개 단체가 연합하여 1974년 8월 '대오사카한국인의 생활을 지키는 회'를 결성하고 오사카부 지사에게 시립 주택의 입주권, 아동수당, 국민연금의 3개 항의 공개질문서를 제출하였다. 이에 대해 오사카부는 긍정적인 답을 하였다.

민단 중앙본부는 1977년, 민단 내에 '권익옹호특별위원회'를 설치하고 '차별백서'를 발간하여 권익을 획득한 사항과 이것을 위한 전략 등을 기재하여 다른 지역의 민단 지방본부에 알렸다. 이에 지방본부들은 자기들이 속한 지방 자치단체에 진정서와 항의문 등을 보내 하나하나 이권을 획득해 나간다. 최근 재일동포들이 추진하고 있는 권익운동은 지방 참정권이다.

1970년대는 재일동포들이 박종석 사건 이후 온힘을 다하여 일본

의 차별과 싸웠던 시기이다. 재일동포는 가장 힘들고 어려웠던 1960
년대와 1970년대에 일본 내에서 조총련과 민단으로 나뉘어 서로 죽
이고 죽는 피나는 투쟁을 전개해 가면서 한편으로는 일본의 차별과
편견에 맞서 무서운 투쟁을 하면서 한국을 도왔고 새마을운동을 정성
으로 후원하였다. 재일동포는 일본에서 받은 피해가 크면 클수록 조
국인 한국을 더 많이 도왔고 더 많이 사랑하여 심리적인 위로를 받은
것으로 생각된다.

동포가 한국을 도운 것은 지역을 달리한 동포가 도운 것이기에 준
국제화라고 할 수 있다. 그리고 재일동포가 한국을 도운 것은 재일동
포가 일반적으로 조국을 도운 것이기에 한국의 입장에서는 소극적인
준국제화라고 할 수 있으며, 재일동포 입장에서는 적극적인 준국제
화라고 할 수 있다. 특히 재일동포는 조국 지원을 극대화한 동포라 하
겠다.

5. 산업화와 재미동포

한국은 재일동포들의 자본으로 공단을 건립하고 수출 상품을 생산하여 해외로 수출하게 된다. 당시 수출 대상국은 일본과 동남아시아 여러 나라 그리고 미국이었다. 일본은 기본적으로 한국 생산품을 사지 않았다. 일본이 한국 상품을 수입한 것이라고는 농산품에 지나지 않았다. 따라서 한국 생산품의 주된 수출국은 동남아시아 나라들이었다. 그러나 선진국인 미국에서 한국 제품을 많이 수입하였으니 그것은 재미동포들의 덕택으로 이루어진 것이다.

한국의 기획조정실 자료에 의하면 제1차 경제개발 5개년 계획 시 초기에는 일본과 동남아시아 나라들이 한국 제품을 수입하여 1960년에는 72%를 차지하였으나 1962년에는 64.8%, 1964년에는 55.9%로 감소하였고 이와는 반대로 미국은 1960년에는 11.4%, 1962년에는 22.1%, 1964년에는 31.3%, 1965년에는 36.1% 그리고 1966년에는 41.5%로 증가했다. 당시 한국의 수출고는 1961년 42,901천 달러였던 것이 1966년에는 255,512천 달러로 증대하였다(기획조정실, 1967: 747).

당시 한국의 수출상품은 26개 품목이었고 그중에서도 식품류가 주종을 이루었으나 이것은 시간이 감에 따라 감소하여 1966년에는 40%로 하락하였고 2차 산품이 57%까지 상승한다. 2차 산품은 섬유류와 피복류가 주종을 이루었으나 제2차 5개년 계획에서는 섬유류와 신발류 그리고 가발류가 주종을 이룬다. 가발은 전적으로 미국으로 수출되었다. 제2차 경제계획 5개년 계획이 끝나는 1971년 수출을 보면 순화직조물 수출이 110,050달러인 데 비해 가발은 26,147,381달러로서 비교가 되지 않을 정도로 가발이 중요한 수출품이 된다(평가교수단, 1972; 160).

미국의 자료에 의하면 1963년부터 한국의 가발이 미국으로 수입되기 시작하였으나 본격적으로 수입되는 것은 1966년부터이고 1974년 가발 경기가 쇠퇴하기 시작할 때까지 7~8년은 '가발의 황금시대'였다(뉴욕한인경제인협회, 1987; 66).

초기에는 인모를 가공하여 웨이브를 만들고 백인과 유사한 색상과 디자인을 만들어 내었는데, 특히 유태인들이 백인을 대상으로 장사를 하였다. 가발이 폭발적인 인기를 끈 것은 1960년대이다. 가발이 인기를 끌자 일본 화학제품회사인 가네보 후지사(Kanebo Huchi)가 인조가발원료를 생산하기 시작하였고, 일본의 합성 파이버 원사를 한국인들이 수입하여 인조가발을 생산하기 시작하였다. 한국 정부는 생산설비 시설확충에 적극적으로 금융상 특례를 주고 가발 수출을 장려하여 1960년대 말에는 약 35개의 가발 생산기업이 한국에 생기게 되었다.

한편 미국에서는 한인 동포들이 나서서 가발 수입을 위한 가발 관련 업체가 특히 뉴욕 맨해튼 브로드웨이 32가 동포 백화점을 중심으로 가게들을 설립하여 판매하더니 소매업을 하는 대상이 전 미주로 확산되어 갔다.

미국에서 가발이 폭발적인 인기를 끌게 되는 것은 중하층을 이루고 있는 흑인이 인조가발의 새로운 소비자로 등장하면서부터이다. 특히 흑인들은 자기 취향에 따라 스타일을 마음대로 바꿀 수 있기 때문에 한국산 가발을 선호하게 되었다. 흑인들 사이에 폭발적인 인기를 끌자 보따리 장사까지 등장하고 상인들은 물론 유학생까지 가발에 손을 대지 않은 사람이 없을 정도였다. 그리하여 한인들은 가발의 제조, 수입, 도매 그리고 소매까지 독점하기에 이른다. 1974년, 뉴욕에만 34개의 가발과 관련된 가게가 생겨났다(뉴욕한인경제인협회, 1987; 71).

당시 한국의 주력수출상품인 가발이 폭발적으로 팔린 구체적인 사례는 한국의 수출액이 보여준다. 1964년 한국의 수출고는 1만 6천 달러였던 것이 1965년에는 155만 달러가 된다. 당시 가발은 1970년까지 한국 수출의 제1 효자 상품의 지위를 유지해 간다(재일동포모국공적조사위원회, 2008; 79).

뷰티 서플라이

1970년대 한국의 가발이 전성기를 지났다고 하나 실은 이때부터 재미동포가 미국 사회에 공헌하는 뷰티 서플라이(Beauty Supply) 산업이 자리를 잡는다. 한국의 가발이 미국에 상륙할 무렵, 흑인들이 마르틴 루터 킹에서 시작하여 '흑인은 아름다워라(Black is Beauty)'라는 구호를 내 걸고 흑인의 정체성을 고무할 때 한인들은 유태인들에게서 머리 샴푸 와 머릿기름을 파는 가게를 인수하여 유태인들이 비싸게 팔던 머릿기 름과 샴푸를 박리다매하기 시작했다. 이와 같이 흑인의 인권운동, 유 태인으로부터의 가게 인수 그리고 한국으로부터의 가발 도입이 삼위 일체를 이루면서 흑인 미용 상인 뷰티 서플라이 가게가 생기기 시작 하였다.

미국에는 뷰티 서플라이가 두 종류 있다. 하나는 백인용이고 하나 는 흑인용이다. 백인의 뷰티 서플라이는 피부를 관리하는 각종 크림 과 향수 등이고 흑인은 머리를 위한 가발, 머릿기름, 샴푸 등이다. 백 인용 미용 재료는 일반 백화점과 화장품 가게에서 판매하며, 흑인용 미용재료는 한국인들이 독점하고 있는 뷰티 서플라이 가게에서 판매 된다. 미국 전역에 약 8천여 개의 뷰티 서플라이 가게가 있고 이것의 80% 이상을 한국인이 독점하고 있다.

한국의 경공업이 발달하여 가전제품, 신발, 의류, 가발 등을 제조 하고 수출하는 데 큰 힘이 되어준 것이 재일동포들의 공적이라면 한국의 제품을 팔아준 것은 재미동포의 덕택이라 하겠다. 재일동포들이 한국의 경공업화를 도와준 것을 소극적인 국제화라고 한다면 재미동포들이 한국 제품을 팔아준 것은 적극적인 국제화라고 할 수 있겠다. 경공업화의 단계에서 재일동포들의 기술과 자본 등의 원조로 수출국 한국을 건설하는 데 일조하였고 한국의 경공업제품을 만들어 수출하는 데는 재미동포가 협력하여 주었다. 이와 같이 한국은 재외동포들의 협력으로 경공업화에 성공하였고 이것은 다음에 올 중화학공업화의 기초가 되었다.

III

중공업화와 재외동포

한국은 수출 위주의 제품을 생산하던 경제개발 1차와 2차가 끝나면서 3차 경제개발 5개년 계획부터는 중화학공업을 육성해 나간다. 이러한 중화학공업화 시기에 한국은 재미동포들의 두뇌의 신세를 지는데, 이것을 두뇌의 역수출(counter brain drain)이라고 한다.

1. 중공업화 시대의 경제발전
(한국의 2단계 도약: 1973~1979년)

제2차 5개년 계획을 성공리에 끝낸 후 한국 경제는 큰 전환점을 맞는다. 1973년을 계기로 정부는 석유화학, 제철, 기계, 조선, 자동차, 전기 등 중화학공업을 중점적으로 육성해 나간다. 정부는 이러한 산업의 육성을 위하여 금융을 지원하고 국제시장을 보호하기 위하여 육성산업의 외국 제품 수입을 제한하였다. 이 기간 동안 은행여신의 60%가 육성산업에 집중되어 경공업의 상대적인 위축을 초래하기도 하였다.

당시 세계시장은 점차 중화학공업에 유리하게 전개되어 갔으니 세계의 산업화 추세는 경공업 제품보다 중화학공업 제품에 대한 수요가 빠른 속도로 증가하고 있었다. 일본의 경우 1950년대 중반, 중화학공업을 육성하는 방향으로 전환하였고 한국의 경우 2차에 걸친 기획경제의 성공으로 일본을 따르게 되었다.

당시의 경제정책 전환에는 경제 외적 조건도 있었다. 말하자면 미국 닉슨 행정부의 주한미군 감축과 월남의 패망이 새로운 변수가 되었다. 한국은 자체방어력을 키워야 할 필요성이 있었고 이것을 위하여 중화학공업의 육성이 필요하였다.

정부는 자본을 소유한 재벌들에게 중화학공업으로의 진출을 권유하여 재벌이 특혜금융 등의 혜택을 누리며 형성되어 갔다. 당시 10대 재벌은 1972년 당시 평균 7.5개의 계열기업을 거느리고 있었으나 1979년에는 3배가 넘는 25.4개의 자회사들을 두게 된다. 경제 전체에서 차지하는 재벌의 비중도 증가하여 40대 재벌이 차지하는 국내총생산 비율이 1973년에는 9.8%였던 것이 1979년에는 17.1%로 증가하였으니 6년 사이에 2배로 증가하였다.

이 기간 동안 세계 경제는 두 차례의 석유파동을 겪는다. 석유파동에 한국도 예외일 수 없었다. 그러나 당시 석유수출로 엄청난 외화를 획득한 중동 국가들이 방대한 건설계획을 추진하여 마침 적절한 기술과 노동력을 가진 한국이 중동의 건설에 참여하여 이익을 보게 된다. 미국, 일본, 독일 등 세계 많은 나라의 경제성장이 현저하게 저하되던 시기였던 1973년부터 1979년까지 한국은 연평균 9% 이상의 고도성장을 지속할 수 있었다.

그러나 이 기간 동안의 성장은 물가상승을 대가로 치른 것이기도 하다. 제1차 석유파동 이후 물가상승률이 연평균 20%를 넘었으며 이에 따라 원화의 실질환율도 23% 정도 상승하였다. 또한 물가상승이 부동산 투자를 부추겨 부동산 가격이 평균 500~700% 상승하였다. 이러한 상항 속에서 제2차 석유파동을 맞아 한국 경제도 큰 타격을 입어 1979년 처음으로 수출이 전년도에 비해 감소되었고 1980년에는 경제 전체의 마이너스 성장을 보게 된다.

과도한 물가 상승은 저소득 계층의 생활을 압박하여 소득배분의 악화가 초래되었다. 1960년대만 하여도 경제성장은 실업률의 하락과 소득분배의 개선 경향을 보였으나 1970년대에는 물가와 부동산의 가격 상승으로 인하여 불로소득이 늘어나 소득분배는 현저히 악화되었다. 또한 유신체제하에서 노동자의 단체행동권과 단체교섭권이 크게 제한되어 저소득 계층의 불만은 더욱 가중되어 갔다. 이러한 불만이 제2차 석유파동으로 인해 경제가 급격히 악화되자 동양방직사건, YH 사건 등의 노동분쟁을 일으켜 마침내 유신체제가 붕괴하게 된다.

그러나 한국 경제는 이 2단계 도약 후 견고한 경제 기반을 구축하였기 때문에 다음 단계의 경제성장을 거듭할 수 있게 된다. 무엇보다 이 시기에 다음에 올 전자산업, 제철, 자동차, 조선 등 첨단산업에서 대만보다 앞설 수 있게 된다. 그중 포항제철의 설립은 정부의 노력 없이는 이룰 수 없는 것이었다. 포항제철을 추진하려 하자 세계은행이 채산성 없는 무모한 계획이라 반대하였을 때 박태준 회장은 이에 굴하지 않고 기어이 성사시켜 현재 포항제철을 한국에서 가장 수익성이 높은 기업으로 성장시켰다.

　한국을 둘러싼 국내외의 사정이 불리하게 전개되어 갔으나 경공업화에 성공하여 자신을 얻은 지도자와 산업 영웅들은 강한 의지로 한국의 중화학공업화를 추진해 나갔으며, 지도자의 의지 못지않게 노동자와 국민이 따라주었기 때문에 중공업화를 성공리에 추진할 수 있었다. 그리고 국내 동포 못지않게 재외동포들이 헌신적인 공헌이 있었기 때문에 한국의 경제발전이 보다 순조롭게 진행되고 경제발전을 앞당길 수 있었다.

2. 재미동포의 두뇌

한국의 근대화, 특히 산업화에 미국의 대학교수뿐 아니라 연구소 등에 있는 재미동포 과학자들이 공헌한 것은 널리 알려진 사실이다. 이제 그 실체를 살펴보기로 한다. 오하이오 콜럼버스 베틸(Bettelle) 연구소의 이태규 박사가 국내외 과학자 50명을 초청하여 심포지엄을 개최하였다. 이것을 계기로 1971년 재미한국과학기술자협회(Korean-American Scientists and Engineers Association)가 창설되고 초대 회장에 김순경을 추천하였다. 다음해인 1972년 한국에서는 한국과학원(KIST)이 설립되었고, 재미 과학자를 한국에 초청하는 역할을 담당하기 위해 주미 한국대사관에 과학관을 부설하고 과학 참사관을 파견하였다. 한편 미국에서는 한인 과학자를 모으기 위한 네트워크를 위하여 재미한국과학기술자협회가 지부를 설립하여 현재까지 47개 지부와 4개 분회가 설립되었다. 뉴욕과 뉴저지, 필라델피아를 포함하는 뉴욕 메트로 지부는 김종환을 초대 회장으로 하여 27명이 참가하였다. 그 후 인원이 증가하여 1977년에는 협회 회원이 10,913명이 되고, 이들은 51개 지부와 6개 분회를 갖게 되었다. 재미한국과학기술자협회는 단순한 학회가 아니다. 미국 내에 있는 한국 과학자와 기술자를 총동원하여 그들의 능력과 지식을 모을 뿐 아니라 한국에 그 능력과 기술을 전하기 위하여 모인 것이었다.

재미한국과학기술자협회 3대 회장인 함인영 회장 시기에 제1차 모국방문 학술대회를 개최하였고, 서울의 KIST와 공동으로 심포지엄을 개최하였다. 말하자면 이것은 미국의 최첨단 기술을 한국에 전하기 위한 조치였다. 이때 시작한 한국과 미국의 과학 기술자들의 공동 학회는 현재까지 계속되고 있다. 한국 정부는 외국의 두뇌를 보다 적극적으로 유치하기 위해 1997년에 한국학술진흥재단을 설립하고 외국 박사를 초청하였으며, 여기에 외국 박사 14,229명이 등록하였다. 그중 공학과 자연과학계가 7,963명이고, 인문계가 5,979명이며, 기타가 469명이었다. 한국 정부의 권유로 당시 한국으로 귀국한 사람이 5천 명 내지 6천여 명이라 한다. 여기서는 당시 유명한 재미과학자 중 대표적인 이휘소, 임덕상, 함인영 그리고 김순경 이 4명만 살펴보기로 한다.

이휘소(1935~1977년)는 서울대학교 화공과를 졸업한 뒤 도미하여 1960년 펜실베이니아 대학 이론물리학에서 박사 학위를 취득하고 1961년에는 프린스턴 고등연구소 연구원으로 있었으며 소립자 전공 물리학자로 유명하였다. 1965년에는 프린스턴 대학의 정교수가 되었고, 1966년에는 스토니부룩의 뉴욕주립대학 교수로 자리를 옮겼다가 1971년에는 페르미 국립 가속기 실험소로 옮기더니 1973년에는 그

곳의 소장으로 취임하였다. 그는 미국에서도 톱에 속하는 물리학자로 유명하였다. 그러나 얼마 후인 1977년에 안타깝게도 교통사고로 사망하였다. 우리나라에서는 『무궁화 꽃이 피었습니다』라는 소설의 주인공으로 유명해졌다.

임덕상(1928~1982년)은 개성 출신으로 서울대 문리대 수학과를 졸업하고 도미하여 1957년 인디애나 대학 수학과에서 박사 학위를 취득하고 1957년 컬럼비아 대학 강사에서 시작하여 조교수로 있다가 브랜다이즈 대학 부교수 그리고 1965년 펜실베이니아 대학 정교수로 부임하였다. 그는 대수기하학 등에서도 특히 Homological Algebra 분야에 공헌한 학자로 유명하다.

함인영(1925~2000년)은 서울대 공대 기계공학과를 졸업하고 도미하여 1958년 위스콘신 대학 기계공학과에서 박사 학위를 취득하였다. 1963년 펜실베이니아 주립대학 조교수로 임명되었고 1969년에는 동 대학에서 정교수가 되었다. 그는 Metal Cutting Group Technology, Computer Integrated Manufacturing 분야의 개척자로서 유명하다.

김순경은 일본 오사카 대학 화학과를 졸업하고 1949년에는 서울대학교 화학과 전임으로 있다가 1954년 예일대 화학과에 입학하여 석사와 박사 학위를 취득한다. 한국에 귀국하여 서울대에서 근무하다 1962년 브라운대학 화학과에 초빙되어 갔다가 1969년 템플 대학 교수로 임명된다. 그는 통계역학, 수리물리, 군론의 응용 논문 등으로 유명하다.

이들 교수는 미국 내에서도 그 분야에서 톱을 달리는 대학자로 자기 분야에서 큰 업적을 남겼으며, 한국에 초빙되어 강의도 하고 자신들의 논문을 한국에 소개하여 한국에서 해당 분야의 학문 발전에 크게 이바지한 사람들이다. 물론 다른 많은 분도 이러한 업적을 남기고 한국에 공헌한 사람도 많다. 중요한 것은 당시 한국이 중공업화를 위하여 미국의 첨단 과학과 기술의 수입이 절실히 필요할 때였고, 이러한 요구에 필요한 한국계 과학자와 기술자가 미국에 많았으며 이들이 한국을 위하여 온 정성을 다하여 협력하고 도와준 것이다.

KIST 설립

1970년대 한국의 중화학공업화에 재미동포들이 두뇌를 제공한 대표적인 예가 1967년에 설립된 KIST이다. 박정희 대통령과 미국의 존슨 대통령이 발표한 공동성명의 마지막 구절에 "박 대통령은 한국 내 공업기술 및 응용과학연구소 설치 가능성을 한국의 공업, 과학 및 교육계 지도자들과 더불어 검토케 하기 위하여 그의 과학고문을 한국에 파견한다는 존슨 대통령의 제의를 환영한다!"라는 부분이 있었다. 이것은 한국의 박 대통령이 공업기술연구소를 만들어 달라고 부탁한 것에 대한 대답이었다. 이에 따라 그해 6월, 존슨 대통령의 과학고문인 호닉(David Honig) 박사가 관계 연구소 소장 등 일행과 함께 서울에 와서 연구소 설립을 위한 타당성 조사를 하였다. 그리고 미국의 바텔 연구소를 모방하여 한국에 한국과학기술연구소(KIST)를 설립하게 되었다.

1967년 6월, KIST 개소식에 참가한 험프리(Hurbert Horatioa Hamphery) 부통령은 축사에서 미국에 있는 한인 우수 두뇌들이 한국으로 유치될 것을 예측하고 이를 격려하는 의미에서 '역두뇌 유출'(counter brain drain)이라는 말을 사용하였다. 말하자면 한국에 세워질 KIST는 미국의 한국계 두뇌들이 많이 참가하여 성공하기를 바란다는 것이었다. KIST는 양국 대통령의 합의에 의하여 설립된 연구소이고 양국 정부가 각기 천만 달러씩 출자한 2천만 달러짜리 프로젝트였다(재미한인과학기술자협회, 1998; 95).

재미한인과학기술자협회

한국에 귀국하여 과기처 장관이 된 최형섭 박사가 김형기 연구조정관을 미국에 보내 재미과학자들로 하여금 학회를 조직하게 하였다. 이에 따라 재미 한인 과학자기술자 69명이 워싱턴 D. C. 원저파크 호텔에 모여 창립총회를 열고 재미한인과학기술자협회(KSEA)를 창설하였다(재미한인과학기술자협회, 1998; 100).

초대 회장에 김순경, 부회장에 김영배, 김완희, 노준희, 이기억, 간사장에 김호길, 간사에 박찬모, 이정북, 이동삼, 김정현, 평의원에 김영태, 김욱동, 김장호, 노영준, 이한주, 임덕상, 장혜원 등이었다. 1972년 현재 정회원이 319명, 학생회원이 98명으로 도합 421명이고 7개의 지부, 3개의 분회가 있었다. 지부는 사우스 캘리포니아 지부, 뉴잉글랜드 지부, 뉴저지 지부, 노든 캘리포니아 지부, 워싱턴 메트로폴리탄 지역 지부, 인터마운틴 스테이트 지부, 사우스 웨스턴 스테이트 지부 등이었고, 분회는 노스캐롤라이나 분회, 댈러웨이 빌리 분회, 필라델피아 분회 등이었다(재미한인과학기술자협회, 1998; 102).

그 후에도 회원과 더불어 지부와 분회가 계속 증가하여 1977년 현재 명예회원 2명, 정회원 1,199명, 학생회원 333명, 등록 미필회원 168명으로 도합 1,703명이 되었고, 1979년 현재 총 회원 1,892명에 총 지부 23개, 분회 7개소가 되었다. 1985년에는 총 회원 4,874명에 삼성반도체, 현대전자 등이 회원으로 가입하였다. 그리고 재미, 재캐나다뿐 아니라 재구, 재일 과학자들도 참가하는 국제회의로 확대하였다.

재미한인과학기술자협회가 추진한 중요한 사업은 우선 학교를 통하여 미국 내 한국 과학자를 파악하는 일이었다. 이것을 위하여 뉴스레터와 디렉터리를 만들었으며, 무엇보다 학회를 개최하여 발표회를 통하여 서로의 전공분야와 관심영역 그리고 전공영역을 확인하여 간 것이다.

학회가 중요시한 사업은 한국에서 학술회의를 개최하는 것이었다. 첫 번째인 1974년 모국방문 과학기술 종합 심포지엄에 회원 114명에 가족을 포함한 248명이 대한항공 특별기편으로 귀국하여 서울 과학단지에서 주최한 심포지엄에 참가하였고, 지방산업 및 교육기관 등을 시찰한 뒤 귀국하였다. 모국 방문 학술대회는 한국과학기술자협회 총연합회(과총)와 합의하여 격년제로 실시하였으며 매번 많은 재미과학자가 참가하여 논문을 발표하고 한국에 많은 도움을 주었다. 이 시기는 컴퓨터가 나오기 시작하고 반도체가 선보일 때였다. 1976년에는 컴퓨터 사이언스 등 4개의 특별 분야 대표 12명을 선정하여 한국에서 개최된 세미나에 참가하게 하여 미국의 새로운 기술을 전수케 하였다.

재미 과학자의 관심사는 모국의 기술 도입에 협력하는 것, 모국 내의 연구기관 및 학회를 돕는 사업, 회원들의 국내 유치를 돕기 위하여 모국 내의 직장을 알선하는 것 등이었다. 이에 따라 학회는 미국 일간지에 모집 광고를 내기도 하고, 재미한인과학기술자의 주소와 전공분야를 기재한 디렉터리를 작성하여 배부하기도 하였다. 무엇보다 학회는 모국에서 요청해오는 미니 심포지엄에 응하는 것이었으니 연 4~5회까지 한국에 전문가를 파견하기도 하였다(재미한인과학기술자협회, 1998; 108).

재미 학회는 한국의 각 대학 도서관에 미국의 학술잡지를 기증하고, 1977년 이후에는 학회 내에 편집위원을 개설하여 이곳에서 재미

과학기술자 400명의 논문 자료를 정리하여 '재미 과학자기술자 논문 초록'을 만들어 한국 내 연구소와 대학 기타 요로에 배포하기도 하였다.

한국과학기술재단 및 한국과학원의 요청이 있을 때 학회는 특정 분야의 최적임자를 선정하여 파견하여 한국을 도왔고, 한국에서 미국으로 연구차 또는 안식년으로 오는 과학기술자를 안내하여 편의를 도모하였다.

학회는 또한 한국의 현대그룹 등 7개 산업기관 협찬 공공 연구기관의 기술 스텝을 모집하는 데 적극적으로 도와주었다. 중소기업진흥공단과 중소기업은행을 통하여 선정된 국내 해당 사업에 기술을 자문하는 미국 기업을 추진해주었다. 학회는 또한 한국 내 대학의 이공계 교제를 개발하는 데도 협력하였다.

학회는 한국의 전기기술연구소, 한국전력공사, 중소기업진흥공단 등의 미국 내 출장소 활동을 도왔으며, 특히 문교부 이공계 교수 유치 사업에 적극적으로 후원하여 재미 기술자 30명이 귀국하였다,

학회는 재미 과학자 2세의 육성을 위하여 장학회를 구성하고 2세 교육을 후원하기도 하였다. 학회는 특별히 미국에서 장학생을 선발하여 한국 내 각종 산업기술연구소에서 방학 중에 일하며 수련을 쌓고 귀국하게 하였다.

미국 학회의 통계에 의하면 한국의 민간연구소 2,400개소에 영구 귀국한 사람이 875명이고, 임시 귀국한 사람이 903명이며, 귀국하여 대학에 근무하는 사람이 763명이고, 산업체에 근무하는 사람이 409명이라 한다. 이와 같이 한국의 공업화에 재미동포 중 과학과 기술에 종사하는 사람들이 헌신적으로 도움을 주어 한국은 중화학공업화를 다른 어느 나라보다 빠르게 성공할 수 있었다.

무궁화위성

한국항공우주연구소에 근무하던 황보한 박사가 한국통신 위성사업단으로 자리를 옮김에 따라 1990년 11월에 무궁화위성 사업이 시작된다. 그는 워싱턴 D. C. 근교의 페어차일드 스페이스 회사에서 시스템 디자인 엔지니어로 근무하여 위성의 설계, 제작, 시험 및 발사에 참가한 경험이 있었다. 위성 사업단 소장으로 취임한 그는 위성에 관련된 회사에 근무하는 한국계 기술자를 모두 영입하여 한국에서 위성 제작에 착수하였다. 그는 그중 20명을 선발하여 무궁화위성을 제작하는 현장에서 3년간 각기 위성 전문 분야에서 현장교육을 실시하고, 별도로 무궁화위성 기술 감리단을 구성하였으며, 한국의 업체가 미국의 하도급을 받아 부품을 생산할 수 있게 하였다.

무궁화위성 사업에 투자한 금액은 약 3천억 원이다. 통신위성 2기

제작에 약 3천억 원, 발사 보험 가입에 약 1천억 원, 연구개발비 및 기술 전수 비용으로 약 1천억 원이 투입되었다. 무궁화위성 2기는 미국의 록히드 마틴(Lockeed Martin)사가 설계, 제작, 시험을 하고 1995년 7월 발사장으로 옮겨 왔다. 무궁화위성 1호는 1995년 8월 5일 플로리다에 있는 케이프 케나비럴(Cap Canaveral)에서 발사되었고, 무궁화위성 2호는 1996년 1월 14일에 발사되어 각기 기능을 수행하고 있다(재미한인과학기술자협회, 1998; 453).

포항공대

1985년 8월에 개교한 포항공대는 재미한인과학기술자의 종합체라 할 수 있다. 초대 학장인 김호길 박사는 재미한인과학기술자협회 초대 간사장으로 동 학회의 산파역을 담당했던 사람이다. 그는 재미과학기술자로 교수진을 마련하기 위하여 학장으로 임명되어 바로 뉴욕으로 와서 교수 선발에 열중하였다. 그는 부학장, 기획실장 등 요직에 있는 교수진을 전공에 맞추어 가장 적임자를 선정하여 포항공대를 시작하였다. 포항공대 교수 195명 중 미국에서 선발된 사람이 168명이고, 국내 박사가 17명, 일본 2명, 영국 3명, 독일 4명, 프랑스 1명이었으니 미국이 압도적으로 많았다(재미한인과학기술자협회, 1998; 431).

1994년 포항공대는 단과대학에서 종합대학으로 확대되면서 이름을 포항공과대학교로 바꾸었으며 학장을 총장으로 승격하였다. 현재 포항공과대학교는 자연과학 분야에 수학, 물리, 화학, 생명과학의 4개 학과와 공학 분야에 재료금속공학, 기계공학, 산업공학, 전자전기공학, 전자계산학, 화학공학의 6개 학과가 있으며, 그 외에 교양학부가 있다. 1994년 현재 학사과정에 1,314명, 석사과정 676명, 박사과정에 379명이 있고, 정보통신대학원에 59명, 철강대학원에 103명으로 도합 2,513명이 있다(재미한인과학기술자협회, 1998; 432).

포항공대는 등록금 의존도가 가장 낮은 대학이다. MIT나 하버드 대학도 등록금 의존도가 25%인데 포항공대는 10%이다. 교수들의 외부 수탁연구비의 오버헤드를 떼어 학교를 운영한다. 보통 교수 1인당 1억 원 정도의 수탁연구비를 갖는다고 한다. 포항공대는 약 2억 달러의 공사비가 소요된 방사광가속기가 있어 유명하기도 하다,

한국이 중공업화를 추진할 때 미국의 한국계 과학자와 기술자가 협력한 것은 금전으로 환산할 수 없는 방대한 자산을 한국에 기증한 것이다. 이들 재미동포 과학자와 기술자는 1965년 미국의 새 이민법이 발효되기 이전에 미국으로 유학 간 사람들이 주종을 이룬다. 1945년부터 1965년까지 한국에서 미국으로 이주해 간 사람들은 세 부류였다. 하나는 미국 군인과 결혼한 한국 여성, 미국 가정에 입양되어 간 전쟁고아들 그리고 힘들게 유학을 간 사람들이다. 당시 국제결혼을 하여 미국으로 이주한 한국 여인이 37,063명이고, 입양인이 6,293명 그리고 유학생이 약 6천 명이라 한다(최협, 1996; 66).

당시 유학생들은 어느 때보다 힘들게 유학길에 올랐으며, 미국에서 장학금을 받았어도 접시닦이 등을 하며 힘들고 어려운 생활을 하였다. 이들 대부분은 공부를 끝내도 귀국하지 않고 미국에 남아 연구원이나 교수가 된다. 이러한 현상을 '두뇌유출'(brain drain)이라고 한다. 말하자면 후진국에서 힘들고 어려운 교육과정을 끝내고 미국에 가서 공부를 계속하였으나 본국에 돌아오지 않음으로써 미국은 긴 교육기간과 양육기간 과정에 들어간 비용을 빼먹은 격이라는 것이다. 그러나 첨단 과학을 공부한 유학생이 고국으로 돌아와 봤자 전공을 살리지 못하고 개론학자로 교육이나 하게 되니 본인으로서도 미국에 남는 것이 유리하다고 생각한 것이다. 이러한 후진국의 과학자나 기술자가 자기 나라에 공헌할 수 있는 기회를 가진 것이 그나마 다행한 일이라면 그것은 바로 한국을 두고 말하는 것이 된다. 미국에 남아 과학자나 기술자로 활동하던 사람들은 귀국하지 못한 죄책감을 갖고 있던 차에 조국인 한국에 기여할 수 있는 기회가 주어졌기 때문에 어느 누구보다 힘껏 봉사하였다. 이러한 기회를 가진 후진국도 별로 없었으며 그들의 공로로 비약적인 발전을 한 나라도 없었다. 따라서 재미 한국 과학자나 기술자는 힘들었지만 보람을 느낄 수 있었다.

재외동포들이 한국의 근대화를 도와준 것은 같은 민족끼리 도와준 것이기에 완전한 의미의 국제화가 아니라 준국제화라고 할 수 있다. 준국제화라 하였을 때 재일동포들은 물질적인 도움을 준 직접적인 준국제화를 해주었다면 재미동포들이 두뇌를 가져다준 것은 간접적인 준국제화를 도와준 것이 된다.

3. 재미동포의 민주화 운동

　재미동포가 한국 사회에 공헌한 것의 하나가 민주화 운동이다. 한국 정부가 독재체제로 변하고 국민을 탄압할 때 재미동포들이 혼연히 발기하여 반독재운동을 전개해 나갔으며, 특히 한국이 계엄령으로 가히 독재정권에 항거할 기회를 갖지 못하는 암담한 시절에 한국에서의 처참한 현실을 폭로하고 국제 여론에 호소하며 구체적으로 정부 대표부에 시위하는 등의 항거 정신을 발휘하여 한국 내에 여론을 환기해 왔다. 반정부 시위를 통한 민주화 운동은 한국 정부에 반대한다는 의미에서 한국이 중공업화를 추진할 때 재미동포들이 두뇌를 제공한 것과는 성격상 다른 것이지만 민주화라는 의미에서 그 공헌이 적은 것이라고는 말할 수 없다.

　재미동포들의 반정부 민주화 운동은 멀리 4.19까지 거슬러 올라갈 수 있으나, 보다 적극적으로 사건을 주도해 나간 것은 박정희 정권의 유신체제하에서 시작하여 전두환의 신군부정권 시대, 특히 5.18 광주항쟁시대 그리고 김대중의 미국 망명시대라는 4기로 나누어볼 수 있다.

1972년 한국에서 유신 정국이 시작되자 미국 동부에서는 '한국민주회복통일촉진국민회의'(한민통)와 '미주민주국민연합'(미주민련), 서부에서는 '조국민주회복 남가주국민회의'(국민회의)가 결성된다. 이들은 김대중이 1차로 망명하여 이룩한 조직들로, 미주 한민통의 조직을 끝낸 김대중이 일본에서 한민통을 결성하러 들어갔다가 박정희 정권에 강제납치를 당하여 초주검이 되어 귀국한다. 김대중이 다시 미국으로 망명하여서는 한민통이 '민주주의국민연합'과 통합하여 '한국민주회복통일촉진국민연합'(민통연합)으로 새롭게 발전한다(차종환, 2003; 508).

1970년대 전반에 걸친 서부 LA지역의 민주화 운동은 김상돈이 이끄는 국민회의가 주동하해 간다. 민주회복투쟁궐기대회를 개최하여 박정희 정권의 타도와 정보부 해체를 결의하기도 하였다. 연사를 초청하여 강연회도 갖고, LA 총영사관 앞에서 유신헌법 반대시위를 하기도 하였다. 1977년에 들어 기독교 지도자들이 이 운동에 가담하고 조국민주회복 북가주 국민회의, 한민통 미주본부, 뉴욕 목요기도회, 대 뉴욕지구 한국민주화연합운동 등이 참가하여 '한국민주화운동연합'이 결성된다(차종환, 2003; 514).

1979년 서울에서는 박정희가 시해되고 신군부가 등장하면서 광주민주화운동이 발생하고, 김대중이 사형선고를 받는 어처구니없는 비극이 벌어진다. 이에 대해 미국에서는 김대중, 김지하, 김재규 구출

운동과 광주민중항쟁궐기대회가 야기되고, 이러한 운동을 보다 적극적으로 추진하기 위하여 호남인들이 '호남향우회'를 조직한다(차종환, 2003; 516).

12.12 쿠데타로 정권을 장악한 전두환이 1981년 1월 23일에 LA를 방문하였다. 이에 국민회의는 영빈관 주차장에서 전두환 방미를 규탄하는 총궐기대회를 개최하고 촛불데모를 벌였다. 1월 24일부터 2월 2일까지 매일 밤 농성대회를 가졌고, 1월 28일에는 공항저지데모, 1월 29일에는 코리아타운 가두데모, 1월 31일에는 2차 총궐기대회를 가졌다(차종환, 2003; 517).

광주 민주항쟁

광주학살에 분노한 미주의 동포들은 즉각 대책회의를 개최하고 김상돈을 대표로 국영길, 노길남, 감운하, 차상달 등이 중심이 되어 '한국민주화운동협의회'를 조직한다. 이곳에서는 매일 전두환 일파를 규탄하는 집회를 가진다. 이와는 달리 광주항쟁 지도부의 일인이던 윤학봉이 미주로 망명하여 조직을 결성하고 운동을 전개하여 마침내 1984년 '재미한국청년연합'(한청년)을 조직한다(차종환, 2003; 531).

한청년은 회원 자격을 35세 미만으로 한정하였기 때문에 청년 학생단체로서의 뚜렷한 성격을 갖게 된다. 한청년은 사무실에 상근을 의무화하여 사업이 형식화되지 않고 내실 있는 사업으로 발전할 수 있었다. 무엇보다 한청년은 한국만이 아니라 해외 운동권과 긴밀한 연대를 갖고 사업을 전개해 갔다. 이를테면 일본 동경의 '현대사연구소', 오사카의 '민족문화회', 유럽의 '재유럽 민족민주운동협의회', 호주의 '한국민족자료실' 등과 연계하여 운동을 추진해 나갔다. 특히 미국의 제3세계 운동권인 필리핀, 니카라과, 엘살바도르, 팔레스타인, 남아프리카 운동단체들과 연계하면서 이들의 문제에도 동참하고 있었다.

윤학봉은 청년들에게 민족의식을 심어주기 위하여 LA에 민족학교, 시카고에 청년학교, 필라델피아에 청년교실, 그리고 워싱턴 D.C.에 미주홍보원을 건립한다. 한편 청년활동가 양성을 위한 마당집(민족학교), 재미한청년, 한겨레(한겨레운동재미동포연합회)와 국내활동을 연결하여 반군사독재, 통일, 노동자 권익보호운동 등을 전개해 나갔다. 동포들을 위해서는 민족문화 선양사업을 전개했으며, 1988년 국토순례대행진 서울대회에 학생대표를 참가시키기도 하였다. 윤학봉은 1993년 8월에 귀국하여 미주에서의 운동을 접는다(차종환, 2003; 532).

김대중 망명 활동

광주 민중항쟁에 책임을 지고 사형선고를 받은 김대중을 구명화 기 위한 운동이 전 미국으로 확산하였고, 1982년 12월 23일 우여곡절 끝에 김대중이 미국으로 망명한다. 두 번째 미국으로 망명한 김대중 은 전과는 다른 뚜렷한 정견을 갖고 오히려 미국의 운동권자들과 마 찰을 빚기도 하였다. 첫째는 주한미군의 문제이고 다음은 통일문제였 다. 김대중은 주한미군의 철수를 반대하였고 통일문제에 대하여는 선 민주 후통일을 강력히 주장하였다. 이것은 여태껏 미국 동포들이 주 장해온 주한미군의 철수문제와 통일문제와 정면으로 대치되는 것이 었다.

김대중은 1차 망명 시에 결성한 한민통을 해산하고 이번 2차 망명 시에는 1983년 7월 5일 이근필, 문동환 등의 지지자들과 함께 '한국인 권문제연구소'(인권연)를 결성하고 전 미국을 돌아다니면서 한국의 민 주화 운동과 인권 문제 등의 지원을 요청하였다. 그리고 김대중은 망 명 777일 만인 1985년에 한국으로 귀국한다(차종환, 2003; 537).

인권연은 미국에 남아 조직을 확대하여 22개의 지부를 갖게 된다. 인권연은 민권운동을 계속 추진해 갔으며 김근태 고문사건을 폭로하 였고, 백기완이 고문을 당하고 구속되었을 때 전 세계 인권단체에 알 려 구명운동을 전개하였으며, 권인숙 성고문 사건을 폭로하였고, 박 종철 사건이 발생하자 미 언론에 보도하여 국제여론화에 이바지하였다. 이처럼 인권연은 민주 민권운동과 더불어 김대중의 정치활동을 적극 후원하는 단체로 이어져 나갔다(차종환, 2003; 538).

1990년대 들어 김영삼은 군사정권에서 문민정부로 이어지는 역할을 담당하여 1970년대와 1980년대의 20년 사이에 암담하였던 민주화 투쟁 시기를 무난히 넘길 수 있었으며, 당시 재미동포의 공헌은 막중하였다. 김영삼에 이어 김대중과 노무현 정권의 수립은 한국의 민주화를 완성하는 시기가 된다.

4. 한국의 산업화와 민주화

한국 사회의 발전(경제 성숙 단계: 1980~1992년)

미국의 동포 과학자와 기술자에게 의존하면서 이룩한 1970년대의 중화학공업 집중 육성기와는 달리 1980년대에 진입하면서 한국의 경제는 한때 소용돌이를 겪고 안정 성숙기에 진입한다. 10.26 박대통령 시해사건 이후 정치적 불안과 자연 기후의 냉온으로 인한 흉작 그리고 2차 석유파동의 여파로 상승한 유가 등으로 한국 경제는 불안한 상황에 직면하게 된다. 이에 따라 1980년에는 20년 만에 처음으로 국민총생산이 5.2% 감소하여 마이너스 성장을 보였고 1979년 12월부터 1980년 12월까지 소비자 물가지수는 34%나 상승하였다.

이에 대해 제5공화국 전두환 정권은 강력한 증산정책을 실시하였다. 중화학공업에 대한 투자계획을 연장하고, 통화량의 증가를 억제하며, 각종 정부 보조금을 제거하고, 긴축재정을 실시하여 물가를 통제하고, 원화에 대한 평가절하를 실행하였다. 이러한 정부의 안정화

정책은 임금수준의 안정, 물가상승률의 억제 그리고 이자율의 안정화에 크게 기여하였다. 이에 따라 1983년 소매물가와 도매물가가 각각 1.9%와 −0.8%로 떨어져 경제성장률은 12.6%에 달해 한국 경제는 다시 고속성장을 이룩할 수 있었고, 1986년부터는 10% 이상의 눈부신 성장과 경상수지 흑자를 이룩하여 누적된 외채를 일부 상환할 수 있었다.

1980년대에 진입하여 이제까지 성장과정에서 누적된 경제적인 비효율성을 제거하기 위하여 정부는 각종 자유화 시책을 실시한다. 그중 중요한 것이 금융자유화이다. 경제개발 방편의 하나로 추진한 은행의 공기업화는 수출산업과 전략산업에 저리의 특혜금융을 베풀어 은행의 채산성을 크게 낮추었다. 또한 1980년대에 들어 해외건설업이 불황을 겪게 되고 이에 대한 대출금의 상당수가 회수 불가능한 부실채권이 되었다. 이러한 상황에서 정부는 은행의 경쟁력을 회복하기 위해 정부가 소유하고 있던 상업은행 주식을 민간투자자들에게 매각하여 은행의 민영화를 추진하였다.

한국 경제는 1985년의 이른바 3저 현상(원화 저, 유가 저, 금리 저)으로 호황을 맞는다. 1986년부터 1988년까지 3년간 12%의 고도성장을 거듭하여 수출이 증대하였으며, 제조업의 설비투자가 증가하였고, 국내에서는 건설 투자가 활발해지면서 내수가 증가하였다. 특히 88 올림픽을 전후한 200만 호 주택건설로 인한 건설 붐으로 인하여 건설업계의 호황을 보게 된다.

　그러나 1989년 이후 제조업의 설비투자가 둔화되기 시작하더니 3차 산업, 특히 건설업, 서비스업의 신장이 현저해지면서 제조업계의 노동력 부족현상이 생겼으며, 3D 업종 기피현상이 나타났다. 그 결과 소비자물가가 10%대에 육박하면서 경제에 적신호가 나타나기 시작하였다. 이에 따라 한국은 GNP는 5천 달러에 불과하면서 사회적으로는 '선진국병'이라는 제조업 비중의 심각한 축소와 3D 기피현상이 나타난 것이다.

　1992년 당시의 한국 경제는 수출 둔화로 경제가 후퇴하던 1989년과는 달리 민간의 소비심리가 위축되고 건설과 설비투자 전반의 구조적 요인에 의하여 경기가 후퇴하였다. 김영삼 정부는 다시 긴급조치로 '금융실명제'를 제안하였다. 이는 금융 거래에서 가명 또는 차명으로 거래되는 금융 제도를 개선하여 검은 돈을 양성화하고 정경유착을 근절하자는 의도에서 실시한 것이다. 그러나 실명제는 생각보다 실효를 거두지 못하고 실패하였으며, 오히려 중류와 상류층의 현금이 고급 수입제품 구입으로 부분적인 과잉 소비가 있었을 뿐 이것도 물가 상승에 별다른 영향을 주지 못하였다.

　그러나 예상하지 않았던 경제 회복의 기미는 1994년부터 한국의 주력산업인 제철, 자동차, 반도체 그리고 가전제품 분야에서 일어났다. 포항제철은 내수와 수출에 힘입어 594만 톤을 생산하였으니 이것은 전년 대비 14% 증가한 것이었다. 자동차산업에서는 국내 소비 35만 대와 수출용 16만 대를 생산하였다. 내수용은 전년 대비 7% 증가했고 수출은 18% 증가했다. 반도체는 메모리 칩 4메가 D-RAM 생산이 호조를 보여 1994년에는 1/4분기에 15억 달러의 매상을 올렸으니 이것은 전년도 대비 67%의 성장을 본 것이다. 가전제품은 삼성전자 팩시밀이 58%, 금성 전자레인지 41%, 그리고 대우전자 세탁기가 218%의 증가세를 보였다. 그러나 전통적인 중소기업과 경공업 제품, 이를테면 의류, 신발류 등은 고임금 저생산에 더하여 중국과 아세안 여러 나라들의 제품에 밀려 내수용으로 전락하였으며 그것마저 부진하여 한국 경제가 이미 크게 변화되었음을 보여주었다.

정치적 민주화

한국은 경제적인 우여곡절을 겪으면서 중요한 사회발전을 거듭하여 간다. 이것은 정치적인 민주화이다. 오늘날 한국이 경험하는 민주화로의 진통 역시 경제적 기적과 동시에 정치적인 기적을 이룩하는 것이라 할 수 있다. 1970년대가 공업화라는 경제발전의 중요한 10년이었다면 1980년대는 중산층이 형성되는 사회적 민주화의 중요한 10년이었고, 1990년 이후의 10년은 정치적인 민주화의 중요한 10년이라고 할 수 있겠다.

해방의 혼란스러운 정국과 한국전쟁이라는 처참한 환경에서 구심점을 이루었던 것은 대통령이었다. 힘들고 어려운 모든 악조건에서

오로지 대통령 한 명을 의지하여 국난을 극복하였으나 그 대통령이 부정과 비리를 보이자 국민은 그를 배척하는 혁명을 일으켰다. 학생운동에서 시작한 민주화 운동은 4.19혁명 이후 계속 사회운동을 주도해왔다. 한일조약 반대 운동, 6.8 부정선거 규탄운동, 3선 개헌 반대운동을 전개한 것이다. 이러한 학생운동 중심의 반정부 운동에 대하여 정부는 학생을 위시하여 언론을 탄압하고 국가보안법을 제정하여 사회통제를 강화해 나갔다.

반정부 시위는 마침내 서울대학교의 휴교령 그리고 위수령 등으로 탄압이 가중되었고 마침내 정부가 10월 유신체제를 선언함으로써 학생들은 다시 반유신운동을 전개한다. 유신반대운동은 학생만이 아니라 시민단체가 가담하는 시민운동으로 전개되었고 학생운동은 대학생 중심에서 고등학생으로까지 확산되는 대규모 운동으로 전개된다. 민청학련 사건을 계기로 정부는 긴급조치 4호를 발표하였고, 민청학련 사건 관계자를 석방하면서 발생한 반정부 시위에 긴급조치 7호를 발표하였으며, 서울공대 강상진 군 할복자살 사건을 계기로 분출되는 학생들의 항의를 진압하기 위하여 긴급조치 9호가 발표된다. 긴급조치의 비상 체제하에서도 학생을 중심한 시민운동은 끈질기게 계속되었고 마침내 김영삼 의원 의원직 박탈사건으로 야기된 전국의 시위는 계엄령으로 일단 진압은 되었다. 그러나 시국을 수습할 수 있는 유일한 방법으로 야기된 대통령의 암살로 유신체제는 끝이 나고 반유신운동은 시민사회의 강력한 힘으로 민주주의를 발전시켰으며, 한국 사회에 중산층을 자처하는 시민사회가 형성된다.

　　1970년 반유신체제로 형성된 시민운동은 1980년대에 들어 더욱 확고한 정체를 드러내는 한편 한국 사회에 노동계층의 출현을 보게 된다. 두 군부 출신 대통령이 통치하던 1980년대의 10년은 이미 형성된 시민사회를 다지는 시기였다. 정부는 국가보위비상대책위원회를 조직하여 교육을 정상화하고 나아가 언론을 탄압하고 노동계를 탄압하려 하였으나 역부족이었다. 따라서 정부는 10.26 조치를 단행하여 비상계엄령을 해제하고 여행자유화를 추진하기에 이른다.

　　시민에 의한 민주화운동은 1986년에 시작한 개헌운동에서 더욱 현저하게 표출된다. 대학만이 아니라 야당과 시민운동이 합세하여 계속된 시위를 전개하였고 마침내 박종철 사건, 이한열 사건으로 격화된 시위운동은 백만 서명운동 그리고 평화대행진으로 이어져 10년간의 군부 출신 대통령의 시대를 마무리한다.

　　김영삼 대통령의 문민정부는 정치적인 민주화의 여명기라 할 수 있다. 본격적인 시민 민주주의는 김대중 대통령 때부터 시작된다. 김대중 대통령은 처음으로 선거에 의하여 야당이 집권당이 되는 정권교체를 실현하였다. 그리고 밑으로부터의 선거에 의한 대통령 후보의 지명이라는 민주주의 정치의 두 번째 단계를 내디뎠다.

　　무엇보다 중요한 정치적인 민주화는 권위주의 의식을 청산한 노무현 대통령 시절에 이루어진다. 노무현 대통령은 취임 이후 바로 검찰권을 독립시키고 정보부를 독립시켜 독자적인 업무를 수행하게 하였다. 그 결과로 나타나는 것의 하나가 대통령 측근의 수사와 처벌이었다. 대통령 측근이라 하여도 비리에 가담한 기미만 있어도 바로 수사의 대상이 되고 수사 결과 혐의가 있으면 대통령 측근이라도 구속을 당하는 것이었다.

무엇보다 중요한 노무현 대통령의 업적은 정경유착을 분리한 것이다. 선거 때마다 수억 원의 정치자금이 경제계에서 정치계로 유입되었고 그것이 마치 상식인양 일반화되어 자본주의와 민주정치의 원래 모습으로 생각해왔다. 그러나 대통령 측근의 비리란 선거자금의 부정과 관계된 것으로 이것이 청산되는 과정에서 재벌이 장치자금을 내놓을 수 없는 환경과 조건이 형성된 것이다. 이로 인하여 17대 국회의원 선거에서는 정경유착의 고리가 완전히 끊기게 되었고, 17대 국회 다수당이 된 여당은 정치적인 민주화를 이룩하였다는 자부심을 갖게 되었다.

박정희 대통령 시절인 1960년과 1970년대에 이룩한 경제적인 발전을 제2의 건국이라면 김대중과 노무현 정권에서 이룩된 정치적 민주화를 제3의 건국이라고 하는 이유가 여기에 있다. 한국의 민주주의는 마침내 문민정부를 이룩하였고 다시 야당이 선거에 의하여 정권을 인수하는 국민의 정부를 이룩하였으며, 더 나아가 경선에 의하여 선출된 후보를 그것도 정치자금이 부족하였던 후보를 국민이 선택하는 참여정부를 탄생시켰다.

국민에 의하여 선출된 참여정부는 제왕적 대통령에서 국민적 대통령으로 다시 태어나기 위해 사법권을 독립시켰다. 그 결과 현직 대통령으로서는 처음으로 현직에서 선거 비리에 대한 심판의 도마에 오르더니 마침내 의회에 의한 탄핵이라는 국가 초유의 대통령 공백기를 경험하게 되었다. 대통령 탄핵이 비합법적이라는 헌재의 판결이 나고 대통령은 직무에 복귀하였으며 새로운 제17대 국회가 개원되었다. 대통령 탄핵을 경험한 한국, 그리고 정경유착을 비난하고 성립된 제17대 국회는 한국의 정치사상 큰 획을 그으면서 정치의 한강의 기적을 이룩하여 도약의 단계로 진입하였다.

그리고 다시 국민은 보수적인 지도자를 선정하여 진보세력을 대치하였고 여당을 야당으로 야당을 여당으로 바꾸어놓았다. 선거에 의한 정권의 교체를 이룩하여 정치적인 민주화를 이룩한 나라가 되었다. 이런 의미에서 이웃 일본이나 중국을 앞서가는 참 민주주의를 실현하는 비유럽의 처음 가는 국가가 되는 것이라 자부한다. 말하자면 1960년대와 1970년대 해외에서 온힘을 다하여 도와준 재외동포 모두를 포함하는 국민 전체가 바라고 바라던 경제적인 고도성장과 정치적인 민주화를 이룩한 나라가 된 것이다.

IV

국제화 시대의 재외동포

경제적인 고도성장과 정치적인 민주화를 이룩하여 세계 10위권의 선진국이 되었을 때 한국은 한 단계 도약하여 국제화를 이룩하기 시작하였다. 한국의 국제화에 큰 획을 그은 것이 서울에서 개최된 88 국제올림픽이다. 올림픽에 참가한 모든 나라 사람이 한국을 정확하게 인식하였으며, 특히 공산주의 국가들이 한국을 다시 인식하게 되었다. 서울 올림픽 이전에 개최된 올림픽은 자유진영 올림픽과 공산주의권의 올림픽이 갈려서 개최되다가 서울 올림픽 때 다시 하나가 되었다는 정치적인 의미도 중요하지만 한국은 미국의 앞잡이 나라이고 가난하고 불쌍한 나라라고 인식하던 공산주의 국가들의 주민이 한국이 그러한 나라가 아니라 독립된 자주국이고 더욱이 잘사는 나라라는 것을 알게 된 것이 서울 올림픽이고, 특히 공산주의 국가에 살고 있는 우리 동포들이 그러한 생각을 갖게 되었다.

서울 올림픽으로 인하여 한국이 국제적으로 정확하게 알려진 것 이상으로 중요한 것은 미국에서 SAT II에 한국어가 채택되어 한국은 국내외에서 국제사회의 일원이 되었고, 그것도 일등국의 반열에서 활동하는 국제화된 나라가 된 것이다.

1. 한국의 국제화

한국 사회의 국제화

서울 올림픽으로 인한 국제적인 인식 못지않게 한국의 국제화는 이미 깊숙이 진행되고 있었다. 최근 20년 사이에 한국에서 볼 수 있는 특이한 현상의 하나가 외국인 노동자의 증가이다. 한국은 건국 이후 오늘날까지 외국에 노동자를 보내는 나라, 특히 불법 노동자를 미국과 일본에 보내는 나라라고 생각해왔고 현재도 많은 불법 체류자를 보내고 있다. 그러나 20년 전부터 한국에 외국인 노동자가 생기기 시작하였으며, 이들을 내쫓으면 문제가 해결된 것이라 생각하여 불법 외국인 노동자 추방정책을 실시하였다. 그러나 외국인 수는 날로 증가하여 현재는 외국인 노동자가 100만 명이 되었고, 그 절반 이상이 한국인의 후손인 중국 조선족인데도 한국인은 이들마저 외국인처럼 취급하여 추방하고 있다. 말하자면 외국인 노동자를 수용하여야 할 경제적인 수준에 이른 나라가 외국인 노동자를 가진 나라답지 못하게 처신하며, 더욱이 자기 민족마저 이러한 의식으로 대하기 때문에 이제 한국은 경제적인 선진국임을 스스로 부인하고 자기 민족마저 저버리는 민족의 반역자 모습을 보이고 있다. 이러한 현상은 한국인의 의식이 변화하는 사회현상을 따라가지 못하는 현상의 하나이다.

한편 1980년 이후에 보이기 시작한 외국인 노동자들은 이른바 3D 업종에 종사하고 있다. 외국인 노동자로 인하여 우리의 노동시장이 위협을 받는다고 생각하는 사람이 있다. 외국인 노동자가 3D 업종에 종사하여 한국인의 고용기회가 감소하였다고 생각하기 쉬우나 한국은 IMF를 맞아 노숙자가 생겨도 이들이 3D 업종에 종사하려 하지 않는다. 만일 외국인 노동자를 모두 추방할 경우 오히려 한국의 중소기업은 큰 타격을 받게 된다. 따라서 외국인 노동자를 슬기롭게 활용할 방안을 세우는 것이 현명한 처사일 것이다.

오늘날 한국의 국제화란 국제사회에서 우리의 경제력과 정치력에 걸맞은 의식을 갖고 행동하는 것을 말한다. 경제적으로 10대 강국이 된 한국은 다른 나라를 배려해야 하고 한국에 거주하는 외국인 노동자를 한국인과 차별하지 말고 안심하고 노동하고 돈을 벌어가게 해야 한다.

현재 한국에는 외국인 노동자만 있는 것이 아니다. 한국 남자와 결혼한 외국인 여성이 10만 명이 넘는다. 이들을 다문화 가정이라 하며, 가정생활에서 두 문화가 병존하고 있음을 말한다. 국제결혼도 그러하다. 최근까지 국제결혼이라 하면 한국 여성이 외국 남자, 특히 미군과 결혼하는 것으로 생각하였다. 그러나 오늘날 국제결혼이라 하면 그것은 한국 남자가 외국인 여자와 동거하는 것을 말한다.

국제결혼한 사람만이 아니라 많은 외국인 기술자도 한국에 거주하고 있으며, 외국인 회사에 근무하기 위하여 한국에 거주하는 외국인 상사 직원도 많이 있다. 또 한국 기업에 근무하는 외국인 수도 상당한 수에 이르고 있어 이제 한국은 단일 문화 사회, 단일 민족 국가가 아니다.

다문화사회라면 여러 다른 문화 사람들이 한국에서 편안한 마음으로 거주할 수 있어야 하고 그들의 문화가 존중받는 사회가 되어야 한다. 특히 다문화 가정에서 그러하다. 그러나 한국에서 실시하고 있는 다문화 프로그램은 외국인 아내가 한국어를 배우는 것에 주력하고 있다. 물론 다문화 가정의 자녀들이 한국어가 부족하여 학교 교육을 따라가지 못하기 때문에 이들을 일차적으로 한국 학생과 같이 교육을 받게 함으로써 가정에서 한국인이 아닌 어머니에게서 한국어를 충분히 배우게 하기 위하여 외국인 어머니에게 한국어 교육을 시키는 것이 급선무라 하여 진행하고 있으며, 외국인 여성들이 한국 생활에 빨리 적응하게 하기 위하여 한국 문화를 그들에게 교육시키는 것이 급선무라 생각하고 있다. 그러나 이것은 일반적인 한국어와 한국 문화의 주입식 교육에 지나지 않으며 진정한 의미의 다문화사회를 건설하기 위한 다문화 프로그램이 아니다. 따라서 앞으로는 외국인 신부의 문화도 존중하고 그것을 한국인이 이해하고 배우는 방향으로 나아가야 할 것이다.

한국 경제의 국제화

1970년대에 100만 톤을 생산한 포항제철소가 한국을 신흥공업국의 선두주자로 만들었다면 1990년의 반도체는 한국을 전후 개발도상국에서 선진 경제국으로 진입시킨 힘의 상징이 되었다. 1994년 4메가 D-RAM의 101억 700만 달러 수출은 전년 대비 75.1% 증가한 것이며 단일 품목 수출로는 처음으로 100억 달러를 돌파하였다. 이것은 삼성전자, 현대전자 그리고 금성 일렉트로닉 등이 공헌한 것이다.

1993년 보도에 의하면 삼성전자가 30억 5천만 달러의 매상을 올렸으니 이것은 일본의 후지, 미츠이 전자 그리고 마쓰시타 전기를 제치고 세계 7위를 하였다. 그리고 D-RAM 메모리 분야에서는 도시바를 제치고 세계 1위를 하였다. 현대전자와 금성 일렉트로닉 등도 세계 10위권에 드는 회사들이며 세계 메모리 생산에서는 한국이 전 세계 생산량의 절반을 차지한다. 한국의 반도체 산업은 '기술 입국'을 향한 한국의 '제2의 도약'이라 할 수 있다.

1996년 10월, 한국은 경제협력개발기구(OECD)에 가입한다. 그리고 2011년, 한국은 DAC에 가입하는 나라가 된다. 이로써 한국은 원조를 받는 나라에서 원조를 해주는 나라가 되었다. 이것은 한국이 국제 신용도가 높아 세계 경제 상위권에 진입한 것을 의미한다.

한국의 경제적 의존관계

공업국이 되면서 한국이 처한 가장 어려운 문제의 하나가 에너지 문제이다. 한국은 일본과 마찬가지로 석유와 천연가스 자원이 전무한 상태이면서 선진공업국이기에 대량의 에너지를 소비해야 한다. 최근에는 중국까지 경제가 발전함에 따라 에너지 수입국으로 전락하여 사정은 더욱 심각해지고 있다. 1997년도에는 중동 석유 의존도가 한국이 67%이고, 일본이 86% 그리고 중국이 46%였다.

한국은 일본처럼 공업화한 나라로 식량에서도 대외 의존도가 강한 나라가 되었다. 한국의 경우 국내에서 생산되는 식량은 전체 식량 소비의 30%만을 충당하고, 70%를 외국에서 수입해야 한다. 식량이 부족해진 것은 식료품의 다양화로 육류 소비는 증가하고 쌀 소비는 감소하여 식량 자급률이 저하하였기 때문이다. 또한 공업화로 도시주민이 증가하여 우량농지가 택지화한 것도 요인의 하나이다. 기간작물인 쌀의 생산은 과잉이지만 기타 곡물을 수입해야 하기에 식량 자급률이 저하하였다. 쌀 이외의 곡물은 매년 2,400만 톤을 수입하며, 특히 미국에의 의존도가 심하다.

한국이 대외적으로 의존관계를 갖는 것의 하나가 외국인 노동자이다. 한국에는 2010년 현재 40여만 명의 외국경제인구가 체류하고 있다. 이는 국내취업자의 1.5%이고 임금근로자의 2.5%에 해당한다.

한국은 에너지, 식량 그리고 노동력에서 외국에 크게 의존하고 있는 의존경제체제를 갖고 있다. 이것을 원활하게 유지하고 한국 경제의 발전 동력으로 활용하려면 대외 무역의 원활한 진전과 외국인과 외국 것을 소화할 도량 있는 국제인이 되어야 한다.

2. 재중동포의 공헌

눈을 해외로 돌렸을 때 보이는 것이 중국 동포이다. 중국에 거주하는 재중동포는 한국의 국제화에 가장 크게 기여하였다. 한국의 국제화라는 조건에서 더욱 그 공헌도가 높이 평가된다. 이들의 기여는 크게 세 영역으로 나누어볼 수 있다. 하나는 연변조선족자치주의 성립이고, 하나는 중국에 진출한 한국 기업을 위한 공헌이고, 하나는 한국에서 행한 중국 동포의 기여이다.

연변조선족자치주의 의미

'중국 동포가 많이 거주하여 자치주를 획득한 것이 무슨 공헌이냐?'라는 의문을 갖는 사람이 있을 수도 있다. 그러나 한반도 이외에 자치주를 가진 것 자체가 한민족의 국제화의 크나큰 공헌이 아닐 수 없다. 특히 연변조선족자치주의 성립 조건을 보면 더욱 그러하다. 연변에 조선족자치주가 성립된 것은 세 가지 조건을 충족하였기 때문이다. 세 가지 조건이란 첫째 일제강점기 항일전쟁에 얼마나 공헌을 하였는가, 둘째 해방전쟁에 얼마나 공헌을 하였는가, 그리고 셋째 거주지의 인구 구성이 어떠한가이다.

연변조선족자치주는 일제강점기에 북간도라 불린 곳으로, 중국 내 한인 동포들이 가장 많이 거주하고 있는 집거지역이다. 자치주를 만들면서 중국인이 거주하는 지역을 첨가하여 한인 동포 수를 희소화하였으나 자치주가 성립되던 당시 중국 동포의 70%에 가까운 인구가 거주하던 곳이 연변자치주이다.

일제강점기에 중국 동포들은 중국 사람과 비교할 수 없을 만큼 의병들의 항일 무장을 이루었고, 만주국이 성립하여 항일전이 불리하게 되자 중공군과 힘을 합하여 동북 연군을 결성하여 항일전을 계속하였다. 이들이 일본군에 대항하여 싸운 희생적 전투는 중국인들과는 비교할 수 없을 정도였다.

해방전쟁

1945년 8월, 일본군의 항복으로 우리나라는 해방되었지만 중국에서는 이때부터 모택동이 북경으로 입성하는 1949년까지 장개석 국민당군과 모택동의 공산군이 싸운 것을 '해방전쟁'이라 한다. 해방전쟁 초기에는 장개석의 국민당군이 430만 명으로 우세하였고, 모태동의 공산군은 120만 명으로 열세에 있었다.

1946년 10월, 일본군에 대항하기 위하여 중공군과 연합한 장개석은 중공군과의 정전협정을 철폐하고 국민당군을 이끌고 동북해방구로 진격하기 시작한다. 중공군이 지배하는 곳을 해방된 지역이라 한다. 장개석은 처음 선남후북의 전술로 남쪽부터 공격하기 시작하였다. 당시 한인들의 부대는 팔로군에 편입되어 동북 연군을 형성하였고, 일부는 모택동을 따라 장정(長征)에 참가한 조선의용군이 되었다. 중국 조선족이 모택동의 공산군에 협조한 것은 중공군은 해방된 지역에 토지를 소작인에게 분배하고 소수민족과 중국 민족에 차이를 두지 않았기 때문이다.

중국의 해방전쟁에 참가한 한인의 수는 64,942명이었으니 이것은 8개 사단 병력에 해당한다. 전선에 참가한 군인 이외에도 후방에서 부녀자들이 낮에는 밭일을 하고 밤이면 천짜기를 하여 옷을 만들어 전선으로 보냈고, '신 한 켤레 만들기 운동'과 같이 군인들의 신과 군복을 만들어 전선에 보내는 운동을 전개하였다. 한편 들것부대, 운송대 등을 위하여 동원된 한인의 연인원은 30만 명이 넘었고, 전쟁에 동원된 차량도 3만 대가 넘었다. 연변에서는 19개 집체 1,582명이 '전선후근모범'이라는 칭호를 받기도 하였다.

말하자면 중국의 동포들은 모택동의 공산군을 위하여 중국인보다 더 열심히 일했고 전쟁에서도 중국인보다 더 많은 희생을 치렀다. 이 것이 조선족자치주를 승인하는 조건이 되었다.

연변조선족자치주 승인

한국전쟁이 진행 중이던 1952년 2월 22일, 북경 중앙정부는 '소수민족지구 자치에 관한 정령'을 발표한다. 이에 따라 연변에서는 동년 8월 29일, 제1기 인민대표자대회가 소집된다. 이곳에서 연변조선족자치구 인민정부 조직조례를 채택하여 입법부와 행정부의 발족을 위한 작업을 시작하였다,

중앙정부가 연변조선족자치주를 승인함에 따라 1954년 12월, 연변조선족자치주 제1기 인민대표자대회가 소집되고 이곳에서 자치주를 선언하였다. 이곳에서 주덕해(朱德海)를 주석으로 중국인 동옥곤(董玉昆)과 한인 최채(崔菜)를 부주석에 추대하고 17명의 주인민위원을 선정하였다. 연변조선족자치주는 1시, 5현, 124향, 11진을 포함하였다. 그 후 인민공사가 추진되면서 1958년 연변에는 78개의 인민공사가 설립되고 이 해 돈화현이 연변에 편입된다.

중국에는 연변조선족자치주 이외에 압록강 구비치는 곳에 장백

조선족자치현이 있고 동북 3성에 30여 개의 자치향이 분산되어 있다. 연변조선족자치주에는 연변대학이 있고 자치향에는 고등학교와 소학교가 있으며 자치주는 물론 자치향에서도 공용어는 한국어이다.

한국 정부의 행정력이 미치지 않는 지역에 자치주를 가진 것은 국제화의 좋은 본보기가 된다. 중국 조선족자치주에서 보는 것과 같이 이곳에서는 한국어가 공용어가 되고 한국동포가 우두머리가 되어 자치를 행한다. 국제화란 이와 같이 우리의 주권이 미치지 않는 곳에서 한국 문화를 유지해가는 것을 말한다.

러시아에는 중국과 같이 한인 동포들이 집거하는 지역이 없어 자치주를 가지지 못하고 있다. 그러나 러시아는 다민족국가이며 비교적 자치를 허용하는 나라이기에 한인 동포들이 많이 거주하는 연해주 일대에 '민족 문화 자치'를 허용하고 있다. 이는 자치체를 유지할 영토가 없더라도 문화적으로는 자치 행사를 해도 된다는 것으로, 현재 연해주 일부 지역에서 문화자치를 행하고 있다.

중국 진출 기업인을 위한 공헌

일본 사람이 한국을 부러워하는 것 가운데 하나가 재외동포가 많은 것이고, 특히 중국에서 그러하다. 일본에 비하여 한국인이 중국으

로 진출한 것은 불과 20년이 못 되지만 일본인의 몇 배의 인원이 중국
에서 활동하는 것은 중국에 동포가 많기 때문이다. 현재 중국에서 활
동하는 한인들을 공식적으로는 80만 명이라 하고 심지어 100만 명이
라고 주장하는 사람도 있다.

한국 기업인들이 처음 중국에 진출하였을 때 중국이라는 사회도
몰랐으나, 특히 중국 공산당이 지배하는 사회주의 사회를 몰랐으며
이에 많은 시행착오를 경험하였다. 그러나 중국 조선족이 있었기 때
문에 이들이 안내자나 통역관의 역할을 하였으며 중국에 진출한 기업
에게는 관리자나 중간 관리자의 역할을 하면서 한국 기업을 도와주었
다. 대부분의 한국 기업은 중국 조선족을 중간관리자로 채용하여 중
국 노동자를 고용하여 기업을 운영하는 형식을 취하였다. 중국 조선
족은 한국 기업의 참모로 활약하면서 한국 기업과 조선족이 함께 성
장하여 이제는 한국 기업의 기술을 습득하여 독립된 기업을 설립한
사람도 나오고 있다.

현재 중국 조선족이 거주하는 지역을 보면 북경을 중심으로 한 수
도권 지역에 17만 명, 광주를 비롯한 주강 삼각주 지역에 7만 2천 명,
상해를 중심으로 한 화동지역에 7만 6천 명, 산동성 청도, 연대, 위해
지역에 18만 명 등 50만 명 이상이 연해 지역에서 집중되어 있다.

1999년부터 조직하기 시작한 재중국한국인회는 현재 56개에 달
하고 이들의 지역을 보면 다음과 같다.

구 분	내 용
화북지역	북경(北京), 진황도(秦皇島), 석가정(石家庄), 우루무치(烏魯木芥), 천진(天津), 창주(滄州), 호화활특(呼和活特)
동북지역	단동(丹東), 대련(大連), 심양(沈陽), 무순(撫順), 연변(延邊), 목단강(牧丹江), 하얼빈(哈你濱), 안산(鞍山), 장춘(長春)
산동지역	덕주(德州), 연대(烟垍), 유방(濰坊), 위해(威海), 닝보(日照), 제남(濟南), 청도(靑島), 치박(淄博)
화동지역	가흥(嘉興), 남경(南京), 상주(常柱), 상해(上海), 양주(楊州), 연운항(連云港), 항주(杭州), 남통(南通), 무석(無錫), 소주(蘇州), 승주(勝州), 염성(念城), 영파(寧波), 온주(溫州), 이우(義烏), 진강(積江), 합비(合肥), 항주(抗州), 장가항(張家港)
화남지역	혜주(惠州), 하문(厦門), 심천(深川), 동완(東莞), 광주(廣州), 곤명(昆明)
중서 연합	난주(蘭州), 남영(南寧), 무한(武漢), 서안(西安), 성도(成都), 정주(鄭州), 중경(重慶)

이들은 근년에 한국에서 중국으로 진출한 한인들이 조직한 한인회가 소재하는 지역이다.

한국의 코트라가 2009~2010년 디렉터리에 실린 사업을 분석하면 다음과 같다.

지 역	제조업	건설업	서비스	판매	운송유통	기타	한국지점	계
화북, 북경	64	7	145	76	13	3	41	349
천진	673		70	14	30		6	793
기타 도시	51	2	18	6	3		1	81
동북, 대련	48		11	14	12		4	89
심양	26		11		2		3	42
연변	3		4					7
하얼빈	5	1			1			7

기타 13시	40		6		1			47
산동, 청도	438	7	24	9	32		6	516
위해	142	2	3		3		1	151
연대	77	1	3		4			85
기타 8시	220							220
화동, 상해	277	12	161	201	60		16	727
소주	62	2	15	7	2			88
남경	35	2	3		4			44
기타 43시	199							199
화남, 광주	38		8	17	7			70
동완	50				2			52
기타 12시	35							35
홍콩	142	3	34	47	25			251
대만	29		4	34	10			77

위 자료에 의하면 중국에 진출한 한국 기업이 3,930개나 된다. 한국 기업이 진출한 곳이 제일 많은 곳이 천진이고 다음이 상해, 청도, 북경, 홍콩, 위해 순으로 되어 있다. 북경은 서비스업이 많았고 다음이 판매업이었으며, 한국의 지사와 상사가 많았다. 모든 지역에서 한국의 제조업이 주류를 이루고 있으나, 상해는 물류가 많았고 홍콩은 판매가 많았다. 제조업에서는 모든 곳이 전기전자가 단연 으뜸이었으나 전기전자 제품 다음으로 많은 것으로는 상해는 섬유와 의류가 많았고 홍콩은 철강제조가 많았으며 청도는 기계 금속류가 많았다.

한국 기업들은 대부분 한국에 모 회사가 있고 중국에 진출한 기업이 대부분이다. 한국 기업들은 50명 이하를 고용한 회사가 많으나 보통 50명에서 100명 이내로 중국 노동자를 고용하고 있는 것이 보통이었다. 개중에는 수천 명을 고용하고 있는 기업도 있었다. 영구에 진출한 의류 제조공장은 5,600명을 고용하고 있었으며 심양에 진출한 전기전자 제조회사는 1,900명을 고용하고 있었다. 투자금액은 100만 달러 이하가 대부분이고 개중에는 심양에 진출한 건설업자와 같이 3억 달러를 투지한 경우도 있었다.

한인들은 전기전자, 기계 금속, 섬유 의류, 고무 피혁 등 생산 공장을 운영하는 경우가 많으나 특이한 업종으로는 부동산, 식당, 가라오케, 찜질방 등을 운영하는 경우도 많다.

한국 사회에 공헌

중국 동포들은 친척방문 시기이던 개방 초기부터 노동시장에 투입되어 2007년 방문취업제를 실시하면서 그 수가 40만 명에 육박하여 2010년 3월 31일 현재 합법 체류자가 355,018명이고 불법체류자가 25,378명으로 도합 380,396명이 한국에 거주하고 있다. 중국 동포를 193만 명이라 하면 이들의 22%가 한국에 거주하는 셈이 된다.

중국 조선족이 한국에 와서 종사하는 업종은 34종에 이른다고 하나 주로 서비스업이나 제조업에 종사하며 단순 노동자로 일하고, 특히 한국인이 꺼리는 3D 업종에 종사하여 한국에 큰 공헌을 하고 있다. 남자는 주로 건축 현장에서 단순 노동자로 그리고 중간 기술자로 일하였으며 중국 조선족의 노동력이 없었다면 일산과 분당의 신도시 건설이 어려웠을 것이라는 말이 나올 정도이다. 여자들은 식당에서 근무하는 사람이 많았으나 근년에는 가사 도우미로 일하는 사람이 많다.

1998년도 중국 동포의 1인당 연간 송금액은 최저 5만 위안에서 10만 위안 정도였으니 이것은 중국 농촌에서 10년 이상의 소득에 해당하는 것이다. 따라서 한국으로 오려는 사람은 날로 증가하여 갔다. 이에 따라 1993년에 산업연수생제도를 도입하였으나 오히려 불법 이민 수만 증가하고 브로커의 행패가 더욱 극성을 부렸다. 그리하여 중국 동포들은 많은 고생을 하였다.

안타깝게도 1999년에 제정된 재외동포법에서 중국 동포와 러시아 동포는 재외동포 범위에서 탈락되었다. 이에 대해 시민단체에서 헌법재판소에 문의하였던바 2003년에 헌재에서 헌법 불합치 판결을 내렸다. 이에 따라 국회는 재외동포법을 수정하였으나 시행령에 묶여 중국 동포는 재외동포법의 혜택을 보지 못하고 있었다. 그러자 한국 정부는 2007년 산업연수생제도를 폐지하고 고용허가제를 실시하여 불법 채류자를 없애도록 노력하였다. 이에 따라 2001년도에는 중국 동포 불법 채류자가 209,000명이던 것이 2004년에는 11,476명으로 하락한다. 2007년 실시한 방문취업제는 5년간 복수 방문취업비자를 주었고 2008년 10월에 실시한 방문취업제 개선방안은 고령 동포 입국제한을 없애고 취업신고를 강화하여 제조업과 농축산 업에는 영주권을 부여하기로 하는 등 큰 변화를 주었다. 그러나 중국 동포의 고달픈 노동은 여전하다.

남북한의 중간자 역할

중국 동포는 남북문제를 고려할 때 중요한 위치에 있다고 하겠다. 중국과 북한은 비자 없이 왕래할 수 있는 특이한 나라다. 따라서 중국 동포를 통하여 북한과의 간접 접촉이 가능하다. 중국 동포들이 북한을 방문하여 한국 소식을 전해주었다. 따라서 북한 주민들도 남한의 사정을 많이 알고 있다. 또한 변경무역에서 차지하는 중국 동포의 비중도 상당하다.

중국 동포는 남북한을 매개하는 중간자 역할을 해왔다. 중국을 매개로 한 남북 학자들의 국제회의는 수없이 열렸다. 이러한 남북 학자의 만남으로 언어, 역사, 자연, 지리 등의 이해를 넓혀갔다.

북한에 대한 직접적 것으로는 1990년대에 북한이 기아상태일 때 도와준 경험이 있다. 그리고 탈북하여 중국에 머물고 있는 북한 사람들은 도와주는 사업을 민간단체에서 행하고 있다.

한국이 재외동포를 통하여 네트워크를 할 수 있는 것과 마찬가지로 중국 동포를 통하여 세계적인 네트워크가 가능하다. 일본에 3만 명의 중국 동포가 거주하고 있고 러시아의 중국 동포가 3~5만 명으로 추산하며, 영국에 3천 명, 미국에 2만 5천 명이 있다. LA지역에 3~4천 명, 뉴욕에 2만 명에 이른다. 예를 들어 2005년 4월 뉴욕 중국총영사관 앞에서 미주조선족청년회의 회원들이 "탈북난민의 강제소환을 중단하라!" 등의 구호를 외치며 시위를 벌인 적이 있다.

권영호 회장의 공헌

스페인에 진출하여 갑부가 된 사람 이야기를 여기서 하는 이유는 그분이 중국과 관련이 있기 때문이다. 권영호 회장은 경북 울진의 빈촌에서 태어나 원양어선 기관장으로 스페인에 진출하여 스페인령인 라스팔마스에서 어로작업을 하다가 일본인이 고물로 파는 원양어선을 2만 5천 달러에 구입하여 자신이 직접 수선하고 첫 출항해서 30만 달러를 벌어들였다. 이때가 1979년도였다. 그는 계속 사업을 벌여 현재는 원양어선 40여 척을 보유하고 있으며, 어장 대안인 앙골라의 수도 루안다에 사무실을 비롯하여 대형 냉동공장 2개, 알루미늄 공장 등을 소유하고 있으며 스페인 마드리드, 네덜란드 로테르담, 영국의 윔

블던, 아프리카의 르완다와 비사우 등에 사업체를 갖고 있다. 그리고 루안다에 호텔 앙골라를 위시하여 마드리드에 골프장도 갖고 있다. 이 골프장은 18홀의 국제규격을 갖추었을 뿐 아니라 6개의 호수를 포함하고 부대시설로 야외수영장, 테니스장, 미니골프장, 라켓볼장, 클럽하우스 등을 갖춘 유럽에서도 유명한 골프장이다. 한국 내에도 대구의 인터불고 호텔을 비롯하여 부산, 경산, 울산, 원주 등에 호텔을 갖고 있으며 2개의 골프장도 있다. 중국에도 길림, 장춘, 영순에 스파 리저트형 호텔을 갖고 있다.

권영호 회장을 소개하는 이유는 그의 부와 사업이 국제적으로 많은 기업체를 소유하고 있어서가 아니라 그가 투자한 육영사업 때문이다. 그가 소유한 40여 척의 원양어선 중 선장 29명, 기관장 26명이 중국 조선족이다. 그는 중국 동포들을 고용한 것뿐만이 아니라 중국 동포들을 원양선 선원이 되게 하기 위하여 길림성 매하구시에 해양학교를 건립하였다. 이곳은 제1급 고급학교에 속하는 직업고등학교로, 어로과와 기관과가 있다. 무엇보다 큰 공헌은 길림대학 내에 인문계열의 단과대학인 동영학원을 건립한 것이다. 권영호 회장이 기부한 800만 달러를 기반으로 학교가 300만 달러를 보태 1,100만 달러를 들여 연건평 1만 평의 단과대학 단독건물을 건립하였다. 그리고 권회장이 이곳에 매년 10만 달러의 장학금을 주고 있다. 길림대학 외에도 권 회장은 136억 원의 자본금으로 울진읍에 동영장학재단을 건립하여 외국인 학생 820명, 한국 학생 300명에게 장학금을 지급하고 있다.

해외에서 갑부가 된 사람 중 학생들에게 가장 많은 장학금을 주는 분이 권 회장이지만, 중국 학생 그리고 아프리카 학생에게까지 장학금을 지급하는 분은 없다. 권 회장이 길림대학에 막대한 자금을 들여 단과대학을 건립한 것도 중국인이 중국에 거주하는 우리 동포를 도와주라는 간접적인 소원의 표시이다. 그리고 가장 중요한 것은 자신이 소유한 원양어선의 절반 이상인 29척의 선장을 중국 동포로 한 것이다. 처음 선상생활을 하는 중국 동포들이 권 회장에게 반기를 들고 파업을 한 적도 있었다. 그러나 중국 대륙의 공산주의체제에서 자란 사람이 선상생활, 그것도 원양어선을 타본 적이 없어 권 회장을 오해하고 반기를 들었던 것이다. 이제는 가장 성실한 선장, 기관장으로 일하고 있다고 한다.

중국 동포들이 권영호 회장의 성의를 받아들이기에는 역부족하여 권 회장은 중국 길림성을 택하여 단과대학을 건립하여 주었다. 권 회장의 뜻을 수용할 만큼 식견이 없었으나 중국 동포는 나름대로 한국에 크나큰 공헌을 한 것이다. 중국 내에 조선족자치주를 건립하여 한국인의 위상을 드높였으며 무엇보다 한국어와 한국 문화를 잘 유지 발전시켜왔다. 그리고 한국과 중국이 국교정상화를 하여 한국인이 중국으로 진출하는 데 한국인을 위하여 길잡이가 돼주어 한국인들이 중국 대륙에서 마음 놓고 사업을 전개하게 해주었다. 이것 못지않게 중국 동포들은 한국에 들어와 한국인들이 기피하는 3D 업종에 종사하며, 특히 한국이 고도경제성장을 이룩하는 시기에 분당과 일산을 건설할 때 많은 노동력을 제공해주어 한국이 보다 빠른 시기에 목적을 달성할 수 있게 해주었다.

　중국 동포가 한국의 국제화에 공헌한 것은 한국을 도와 한국인이 중국이라는 무대에서 활동하게 한 것이니 이것이야말로 한국인이 해외로 진출한 진정한 국제화라고 할 수 있다. 중국 동포는 한국인의 국제화를 위하여 구체적으로 국제화를 실현한 동포이다.

3. 재일동포의 공헌

오래전부터 꾸준히 한국을 도와주는 동포는 역시 재일동포들이다. 재일동포들은 예부터 태풍이 북상하면 "태풍이여, 한반도로 가지 말고 일본으로 오라."고 바랐다. 재일동포들의 이러한 마음은 한국이 가난하고 못살 때만이 아니라 한국이 잘살게 되었어도 한결같이 바라는 소망이었다. 한국이 경제적으로 성공하여 선진국 대열에 들었어도 일본 동포들의 조국에 대한 애틋한 애국심은 변함이 없다.

모국 상품 구매운동

동포들이 그렇게 애를 쓰지만 일본인은 한국 제품을 구매하려 하지 않는다. 이에 재일동포들은 한국 제품을 구입하는 운동을 전개해 왔다. 대규모적인 것이 1983년에 조직된 재일동포 모국상품구매단이다. 김용태가 인솔하여 17명이 참가한 구매단은 6,063만 달러의 한국

제품을 구매해 갔다. 2차 모국방문단은 4억 4천만 달러를 구매했다. 이와 같이 1983년부터 1987년까지 재일동포 구매단이 10억 달러 상당의 한국 제품을 구매해 갔다(재일동포모국공적조사위원회, 2008; 113).

1992년 재일동포들은 오사카에 한국의 우수상품 전시장을 설치하고 '더 개러지'(The Garage)라는 바이코리아 운동을 전개하였다. 이때 히트한 상품이 김치, 라면, 의류 등이었다. 그리고 1994년에는 '아이 러브 코리아 운동'(I love Korea)이라는 한국 상품 구매운동을 전개했다. 이러한 운동 덕분에 현재 한국을 방문하는 일본인이 한국에서 사가는 물건으로는 김치, 의류 그리고 김이 주류를 이루게 된다(재일동포모국공적조사위원회, 2008; 118).

서울 올림픽

1988년 한국에서 올림픽이 개최된다는 소식을 듣고 재일동포들은 1982년 봄, '88서울올림픽 재일한국인후원회'를 조직하여 첫째, 경기 시설 확충과 운영을 위한 지원, 둘째 대표 선수 일본 지역 강화훈련 지원, 셋째 재일동포 우수선수 발굴 육성 등 도합 7개의 활동 목표를 정하였다. 1천 엔을 낸 독거노인으로부터 한 사람이 3억 엔을 낸 회사 사장까지 재일 동포들이 모두 524억 5,665만 4,879원을 모급하여 서울올림픽위원회에 보냈다. 부인회는 화장실 설치비용, 장애인

올림픽을 위한 기금 등 총 합계 5백 40억 원을 모금하여 한국에 보냈다. 한편 부인회는 따로 1인당 하루 10엔 모금운동을 전개하여 한국의 관광명승지에 이동화장실 17개를 설치하였다. 이러한 재일동포의 88올림픽 후원을 기념하기 위하여 올림픽공원에 큰 기념비를 세웠다(공봉식 · 이영동, 1997; 516).

IMF 위기 때

1997년, 한국이 금융위기를 맞이하여 IMF 자금을 대여 받았을 때 재일동포는 동년 12월 4일 긴급구제금으로 55억 달러를 한국 정부에 보냈으며, 한 가정 10만 엔 이상 본국송금 캠페인을 전개하여 1999년 1월까지 총액 780억 6,300만 엔(10억 달러)을 송금하였다.

이러한 공적인 송금 이외에도 개인적으로 정부나 개인에게 송금한 사람도 많았다. 그중 대표적인 분이 롯데 신격호(申格浩) 회장이다. 그는 개인재산 1천만 달러를 1998년 1월 17일 한국에 보냈으며, 일본 금융사에서 5억 달러를 대출하여 한국에 송금하였다(재일동포모국공적조사위원회, 2008; 67).

한국 여행

일본에서 한국을 방문하는 여행객이 연간 220만 명이고, 그중 10분의 1인 약 20만 명이 재일동포들이다. 이들은 개인적인 용건으로 여행하는 것도 있겠으나 단체여행이 많다. 이를테면 민단 중앙본부의 총회나 상공회의소 전국대회, 부인회 전국대회 같은 큰 대회는 꼭 한국에서 개최한다. 그것은 한 푼이라도 더 한국에 보탬이 되기 위해서라고 한다.

재일동포는 한국 여행 시 1인당 약 29만 엔의 경비가 든다고 한다. 이렇게 계산하면 재일동포가 1년간 한국에서 쓰는 엔화가 400억 엔이나 된다는 계산이 나온다(재일동포모국공적조사위원회, 2008: 68).

재일동포 기업의 한국 진출

한국에서 새마을운동을 전개하기 시작할 때부터 한국에 진출하여 한국을 도와준 기업이 많다. 서울에 있는 본국투자협회의 집계에 따르면 2011년 현재 한국에 진출한 재일동포 기업은 다음과 같다.

구 분	기업수	기업명
제조업	21개 사	(주)신흥, (주)대송엘텍, (주)아이엠디, (주)DN Art, 계림화학공업(주), 대종전자(주), 대성기업(주), 대힌합성화학공업(주), 동양전자초자(주), 동양특수유리(주) 신한일전기(주), 아베코전자(주), 지엠비코리아(주), 닛다무아(주), 한국모노레일(주), 한국음향(주), 한국HINO(주), 한일듀프로(주), 한일전지(주), 한국전기엠엠씨(주), KEC Corporation
건설업	3개 사	(주)태풍개발, 청정건설(주), 한국이와소(주)
도매 및 무역	6개 사	(주)아이리스코리아, (주)G-COSMO, (주)기다즈구-서일본판, 태성물산(주), 화진실업(주), 마산청과시장(주)
숙박 및 음식점업	12개 사	(주)한솔, (주)호케츠코리아, 아이도고로, 부곡하와이, 라자호텔, 레이크힐스호텔부곡, 미성회관-로비체인, 파닉스호텔, 서울로얄호텔, 속리산관광호텔, 제주오리엔탈호텔, 호텔제이스
운수업	1개 사	부관훼리(주)
금융 및 보험업	13개 사	(주)모니라이프, (주)미래크레디트, (주)이즈사랑, 신한금융지주회사, (주)신한은행, (주)제주은행, 신한금융투자(주), 신한생명보험(주), 신한카드(주), 신한캐피탈(주), 에이엔피파이낸셜(주), 에스캐피탈(주), 한국아이비금융(주)
부동산 및 임대업	8개 사	(주)남해개발, (두)대영물산, (주)신흥사, 글성빌딩, 대동상사(주), 세안개발(주), 평천물산(주), 행진개발(주)
사업 서비스업	8개 사	(주)사계, (주)아프로베스트, (주)원남, G. Commet, (주)이-비-에스, 아프러스시스템(주), 예스신용정보(주), 월드패션(주)
레저산업	12개 사	(주)아에라, 가야컨트리클럽, 김해상사(주), 레이크힐스컨트리클럽 선산컨트리클럽, 신라컨트리클럽, 실크리버컨트리클럽, 안성컨트리클럽, 인천국제컨트리클럽, 제일컨트리클럽, 한성컨트리클럽, 라운드흥업(주)
기타	12개 사	(주)수립재단, (주)아프로에프지장학회, (주)그린패미리, 동화흥업(주), 대치문고, 대한사, 롯데그룹, 백강복지재단, 새림오산당병원, 제주연자학원(중고), 한국대영상사, 재일한국동포권익옹호추진운동본부

　재일동포들이 본국에 투자한 것으로는 제조업이 가장 많으나 제조업 못지않게 숙박업, 서비스업에 진출한 회사도 많다. 이들 중 가장 많이 알려진 곳이 롯데그룹과 신한은행이다. 롯데는 서울의 중심

부인 소공동에 호텔과 백화점이 있고 영동지역에 건립된 롯데월드가 있다. 신한은행은 남대문에 위치한 본사를 통하여 그 활동을 짐작할 수 있다.

재중동포들이 한국의 국제화에 기여한 것을 직접적인 국제화라 한다면 재일동포들은 간접적인 국제화라 하겠다. 재일동포의 국제화는 간접적인 것이지만 중요한 것은 어떠한 조건에서건 지속적이고 변함없다는 것이다.

4. 재미동포의 공헌

애국산업

한국에 진출하여 가시적인 공헌은 없으나 재미동포도 한국을 방문하며 소비하는 경비로 재일동포 못지않은 경제적인 공헌을 한다고 한다. 재미동포 한 사람이 한국을 방문할 때 사용하는 경비가 최소한 3천 달러이며 연평균 10만 명의 동포가 한국을 방문한다고 한다. 재미동포들은 많은 사람이 한국에 부모 형제가 있는 1세들이고, 한국에 일가친척의 경조사에 보내오는 돈 그리고 부모에게 송금하는 액수가 많다. 이렇게 들어오는 돈을 '애국산업금'이라 한다. 재미동포들의 애국산업 금은 연간 100억 달러라고 한다. 동포들이 직접 휴대하고 들여오는 금액은 송금액의 3배가 되는 것으로 추정한다. 1997년 IMF 때 재미동포들이 송금한 돈이 37억 달러라 한다(차종환, 2002; 25).

SAT II에 한국어 추가

　물질적인 도움보다 재미동포가 한 가장 큰 공헌은 미국의 SAT II에 한국어를 채택하게 한 것이다. 앞에서 살펴본 것과 같이 한국어가 미국 SAT II에 첨가된 것은 기적 같은 사실이다. 이것은 아무리 강조하여도 지나침이 없는 역사적 사건이다. 일본어가 미국 SAT II에 첨가된 것은 일본이 미국 다음가는 세계 2대 경제 강국이기에 일본어를 미국 학생들이 배우는 것은 당연한 것이다. 중국어가 SAT II에 들게 된 것은 중국 사람들이 주장하듯 중국어가 UN에서 사용하는 UN어이기 때문이다. 한국어는 경제 2대 강국의 언어도 아니고, 유엔어도 아니며, 톨스토이 같은 문호가 있는 나라의 글도 아니고, 첨단 과학을 연구하는 데 꼭 필요한 언어도 아니다. 그렇다면 왜 한국어가 미국 SAT II에 첨가되었을 까? 그 이류로 몇 가지를 생각할 수 있다. 첫째, 생각할 수 있는 것이 미국에 거주하는 230만 한인 동포들이다. 말하자면 미국에 230만 한인 동포들이 살고 있기 때문에 한국어가 미국 SAT II에 첨가되었을 것이다. 그러나 재미동포가 미국 전체 인구의 1%도 되지 않은 수이고, 그 수만으로는 이유가 되지 않을 것이다.

　그러나 재미동포들이 미국 사회에서 주목할 만한 사건을 치른 것이 있다. 재미동포들은 1992년 LA 폭동사건 때 폭동의 희생이 되었다. LA사건이 일어나기 전 미국에서 유색인종으로 흑인과 황인을 언급할 때 황인을 대표하는 것이 중국인이었다. 그러나 LA 사건 이후 황인 대표는 한국인이 되었다. 이러한 현상이 한국어가 SAT II에 들어간 이유의 하나가 되었을 것이다.

무엇보다 중요한 이유 중 하나는 한국이 경제나 정치면에서나 일등국의 자격으로 국제화 단계에 진입하였다는 것일 것이다. 말하자면 한국이라는 나라가 일등국 반열에 진입하였기 때문에 미국이 한국을 존중하게 되고 학생들에게 한국어를 배우라고 강조하는 것이다.

무엇보다 중요시하여야 하는 것은 미국이 미래를 내다보고 동양에서 중국이나 일본과 더불어 장차 한국이 중요하리라고 판단하여 한국어를 SAT II에 첨가한 원인이 되었을 것이라 생각된다.

그러나 미국 SAT II에 한국어가 채택된 직접적인 원인은 역시 미국에 거주하는 재미동포의 덕이라고 생각된다. 미국에 거주하는 한인동포들이 성실하고 부지런하며 다른 민족의 모범이 되고 이것이 중국이나 일본인 못지않으며, 장차 동양을 생각할 때 한국이 중국이나 일본과 같은 수준에서 연구의 대상이 되기 때문에 한국어를 SAT II에 추가하였을 것이다.

원인이야 어떻건 세계를 주도하는 미국의 대학수능고사인 SAT II에 한국어가 첨가된 것은 한국어를 사용하는 한민족이 이 세상에서 생활을 영위하기 시작한 이래 세종대왕의 한글 창제 다음으로 역사적인 큰 공헌이라고 할 수 있다.

문화전쟁

한국어가 SAT II에 첨가된 이후 일본, 중국, 한국은 미국 내에서 자기 나라의 언어와 문화를 보급하기 위한 경쟁이 시작되어 그 치열함이 마치 전쟁과 같아서 이것을 '문화전쟁'이라 하였다. 말하자면 한국어가 국제어가 된 이후 그 이전에는 예상하지 못하였던 무서운 경쟁을 해야 하는 힘겨운 상황에 놓이게 되었다.

특히 미국의 연방정부는 기회가 있을 때마다 일본어, 중국어 그리고 한국어를 중요한 언어이니 미국 학생들에게 배우라고 강조하고 있다. 한국어가 SAT II에 첨가된 것이 1996년이다. 그 후 2000년의 Flagship Scholarship Program에 10개 국어를 강조하면서 한국어, 중국어, 일본어를 포함시켰고, 2004년에 있었던 Bush Grant 2004에 한국어가 6개국 언어 안에 포함되었으며, 2008년에 발표한 Critical Language Initiative에도 한국어, 중국어, 일본어를 포함한 9개 나라의 외국어를 미국의 중·고등학교에서 배우라고 강조하고 있다. 미국 연방정부는 한국어를 중국어나 일본어와 같은 수준에서 미국인이 배워야 할 국제어로 대우하고 있다.

이러한 조건이 아니라도 미국은 현재 중국 열풍에 휩싸여 있다. 미국 사람들은 중국이 오래된 문화대국이고, 경제 대국으로 G2라고 표현할 정도로 중국을 미국과 나란히 세계정세를 논할 강대국이라 생각한다. 따라서 중국을 배우자는 열기가 온 미국을 휩쓸고 있다. 이러한 미국의 분위기와는 별도로 중국의 후진타오(胡錦濤) 주석은 처음부터 문화정책을 강조하여 화계운동(和階運動)을 전개하고 있다. 후진타오는 중국이 아무리 서둘러도 경제면에서 그리고 군사면에서 미국을 따라갈 수 없으나 문화에서는 미국에 지지 않는다는 생각에서 미국과 맞서기 위해 문화정책을 실시하였다. 화계정책의 구체적인 사례가 공자학당이다. 2004년 해외의 첫 공자학당을 한국의 서울에다 건립한 이래 2010년 현재 전 세계적으로 공자학당이 314개라고 한다. 중국은 공자학당을 포함하여 문화정책을 후원하기 위하여 중국문화판공실(Hanban)을 설치하여 막대한 예산으로 문화운동을 추진하고 있다. 이에 따라 현재 미국에 있는 3,800개 중·고등학교에서 중국어를 배우는 학교가 1,000여 개나 된다. 이것에 비하면 일본어를 배우는 학교는 700여 개 그리고 한국어를 배우는 학교는 65개에 불과하다.

중국에 질세라 일본은 종래 일본어와 일본문화를 지원하던 Japan Foundation의 예산을 2배로 증액하고, 미국에서는 문화와 교육을 나누어 문화는 LA가 중심이 되고 교육은 뉴욕을 중심으로 전개하고 있다. 이러한 중국이나 일본의 전략에 비하면 한국의 미국에서의 언어정책, 문화정책은 중국과 일본과는 비교가 되지 않을 정도로 열세에 있다.

한국이 인구나 영토 면적으로는 중국이나 일본보다 떨어지나 문화면에서 한국어가 중국어나 일본어보다 열세이고 한국문화가 중국문화나 일본문화보다 못하다는 생각은 할 수 없다. 예를 들어 한국, 중국, 일본은 모두 접는 부채를 갖고 있다. 접는 부채 중에서 부챗살이 가장 엉성한 것이 일본 부채이고 다음이 중국 것이며 한국 부채가 가장 살이 많고 살 사이가 촘촘하며 가장 야무지게 되어 있다. 동양 3국이 모두 젓가락을 사용하는데 한국처럼 숟가락과 젓가락을 고르게 사용하는 곳이 없다. 일본은 숟가락이 아예 없으며 중국은 국을 먹을 때 이외에는 숟가락을 사용하지 않는다. 젓가락의 길이도 한국 것이 중간이고 중국 것이 가장 길며 일본 것이 가장 짧다. 주거, 음식, 의복, 장신구, 공예품, 장롱 등 그 어느 하나 한국 것이 중국 것이나 일본 것에 뒤지는 것이 없고 모두 한국 것이 우세하고 야물다.

그러나 문화면에서 한국은 불행한 과거를 갖고 있다. 18세기부터 20세기 초반까지 전 세계는 제국주의시대였고, 인류의 5분의 4인 유색인종이 모두 백인들의 식민지로였다. 이런 의미에서 한국이 일본의 식민지였던 것이 특히 불행한 것만은 아니었다. 그러나 서구 종주국들은 군사면, 경제면에서만 식민지에 우세하였던 것이 아니라 문화적으로도 우세하였다. 따라서 영국은 인도와도 바꾸지 않을 셰익스피어가 있다고 자랑한 것이다. 그러나 일본은 한국에 대하여 군사적·경제적으로는 우세하였으나 문화적으로까지 한국을 능가하리만치 우세하였던 것은 아니다. 이것이 한국의 불행한 경험이 된다. 말하자면 문화적으로 한국보다 우세하지 못한 일본이 한국을 합방하고 한국의 문화가 열등하다는 것을 강조하였고, 이것이 한국인에게 세뇌공작으로 작용하여 한국인 자신이 한국문화에 대하여 자부심을 갖지 못한 결과를 초래하였다. 한국문화를 멸시하는 일본의 정책은 한국인의 뇌리에 박

허 해방이 된 지가 일제강점기보다 2배가 긴 세월이 흘렀으나 아직도 한국문화에 대하여 자부심을 갖지 못하고 있는 사람이 많다. 따라서 미국에서 연방정부가 기회 있을 때마다 한국어를 강조하는 것을 이해하지 못하는 사람이 많다. 말하자면 한국인은 우선 자기 문화에 대한 열등의식에서 깨어나야 한다.

이러한 역사적 피해의식에서 벗어나야 할 상황 이외에도 한국이 중국과 일본의 경쟁에 끼지 못하는 것이 있다. 오사카 민족학 박물관에서 출판된 서적에 의하면 중국과 일본은 차(茶)를 놓고 중국의 홍차와 일본의 녹차가 세계를 지배하는 전쟁을 전개하고 있다. 또한 중국과 일본은 한자(漢字)를 놓고 누가 정통성을 가졌느냐 하는 무서운 싸움을 하고 있다. 한자 전쟁에서 한국은 한글 전용으로 슬며시 밀려 나와 그 싸움을 남의 나라 현상으로 느끼는 것과 같이 차 전쟁에서도 한국은 한 발 물러서 있다. 일본이 앞세우는 녹차는 원래 한국에서 발생한 것이다. 한국은 불교와 더불어 일본에 차를 전해주었다. 우리나라는 조선조에 들어 불교를 배척하면서 차 문화도 멀리하였으며 일본이 일제강점기에 차를 갖고 한국에 임하였을 때 그 차를 일본차라고 배척하였다. 그리하여 차 문화 전쟁에도 우리는 끼지 못하고 남의 일인 양 느낌조차 없다

중국이나 일본이 무력 또는 경쟁력으로 상대방을 물리치고 세계 일등국이 되려는 것이 아니다. 다만 중국이나 일본이 문화를 통하여 세계를 지배하려 하고 있으며 이런 의미의 문화전쟁은 한자에서 차

문화 그리고 언어 영역에서 진행 중이다. 이러한 여러 영역의 문화전 쟁을 추진하고 있는 지역이 미국이라는 개방된 사회, 세계를 주도하 는 나라인 미국에서 진행되고 있다.

한국어가 중국어나 일본어보다 열세일 수 없듯이 우리 문화가 중 국문화나 일본문화에 비하여 절대 열등한 것이 아니다. 우리 문화는 고유한 것이고 중국이나 일본에 비해 결코 낮거나 뒤진 것이 아니다. 이것을 쉽게 음식을 비유할 수 있다. 중국 요리는 돼지고기를 중심으 로 하고, 일본 요리는 생선을 주로 하는 것이고, 우리 음식은 나물을 중심으로 한다. 이와 같이 차이가 뚜렷하고 특색이 있으며, 나물이 생 선보다 못하고 나물이 돼지고기보다 못하다는 말을 할 수 없는 것과 같다. 더욱이 근년에 웰빙이라 하여 채식을 장려하는 이때, 한국 음식 은 웰빙 시대의 선각자적인 위치에 있는 음식이라 하겠다. 한국어가 미국 SAT II에 들어간 이유는 한국어가 중국어나 일본어에 비하여 열 등하지 않을 뿐 아니라 중국어, 일본어, 한국어가 동양에서 빼어놓을 수 없는 귀중한 언어이고, 더 나아가 한국문화가 중국문화나 일본문 화와 같이 동양 3국의 문화를 이룩하는 중요한 요소임을 말해주는 것 이다.

한국의 국제화라는 견지에서 재일동포와 재미동포 그리고 재중동 포들이 한국의 산업화과정에 물질적으로 도와준 것이나 두뇌를 제공 한 것, 노동력을 제공한 것을 준국제화라 하였다. 그것은 한국이 경공 업에서 그리고 중화학공업에서 빨리 선진 공업국이 되어 국제화에 참가하는 과정을 도와주었기 때문에 준국제화라 한 것이다. 미국의 SAT Ⅱ에 한국어가 채택된 것은 완전한 의미의 국제화라 할 수 있다. 그간 한국은 후진국임을 자인하고 서양의 문화적 압력에 몸을 낮추고 서양의 과학과 기술 그리고 서양의 문물을 배우기 위하여 노력해왔다. 이러한 노력은 국제화라는 입장에서 말하면 일방적인 것이고 서양 것을 상위에 그리고 동양이나 한국 것을 하위에 놓은 불평등한 일반적인 국제화였다. 이제 세계를 주도하는 미국이 동양어인 중국어, 일본어 그리고 한국어를 배우라는 것은 상하가 없어진 대등한 입장에서 동양문화와 서양문화를 놓고 차세대에게 동양 문화를 배우라는 것이다. 이것은 한국과 같은 동양인에게는 열등의식, 피해의식에서 벗어나라는 의미이고, 서양인에게는 동양문화를 존중하고 배우라는 것이 된다. 이러한 의미에서 SAT Ⅱ에 동양 3국 언어가 채택된 것은 서양과 동양이 대등한 입장에서 국제화를 도모해야 한다는 것과 서양이 동양을 배운다는 의미에서 문화사적으로 큰 의미를 갖는 것다.

재미동포에 국한해서 볼 때 이제 미국 동포의 이민의 목적이 분명해졌다. 미국 연방정부가 강조하는 것과 같이 미국에 거주하는 동포는 미국 사람이 한국어를 배우는 데 도움을 주기 위하여 미국에 거주하는 것이다. 이것은 미국 정부가 바라는 것이고 한국 동포들이 미국 정부의 숨은 뜻을 알아야 한다. 국제화시대라는 조건을 놓고 보았을 때 미국 연방정부의 처사는 우리 한민족의 국제화가 무엇을 의미하는가, 무엇 때문에 어떻게 하는 것이 국제화인가를 말해주는 중요한 행위라 하겠다.

5. 기타 지역의 재외동포

세계 동포

한국에 거주하는 한국인은 물론 세계 도처에 사는 한인 동포가 한국문화의 국제화 운동에 동참해야 한다는 명제를 놓고 보았을 때 한국은 참으로 유리하다. 한국은 170개국에 700만 명의 동포를 갖고 있다. 이들 재외동포들이 시시하고 보잘것없는 사람들인가? 절대 그렇지 않다. 일본을 제외하고 모든 나라에서 한인들은 성실하고 부지런한 민족이라 하고 교육열이 높은 민족으로 '제2의 유태인' 또는 '아시아 유태인'이라는 별명을 듣는 민족이다.

이러한 우수한 한인 동포들이 미국에 230만, 중국에 200만, 일본에 100만, 러시아에 55만, 그리고 남미에 10만, 유럽에 5만, 동남아시아, 중동, 아프리카에 10만이 거주하고 있다. 5만 명의 브라질 교민을 살펴보자. 처음 상파울루의 빈민촌에 입주한 동포들은 초기에는 심하게 고생하였으나 역경을 물리치고 의류계에서 성공하여 유태인들이 장악하고 있는 봉해치로 구역의 호세 파울리노 거리와 아랍인들이 상권을 장악하고 있는 브라스 구역의 오렌지 거리를 점령하고 있다. 남미 브라질의 상파울루와 아르헨티나의 부에노스아이레스의 의류계 상권을 쥐고 있는 한인들은 LA의 자바시장, 서울 동대문시장을 연결하는 한민족 세계 섬유벨트를 형성하고 있다.

중국에 거주하는 한인 동포가 중국이라는 나라를 형성하는 55개 소수민족 중에서 중국의 대다수 민족인 한족보다 교육수준이 높고 더 잘사는 민족으로 한족마저 우러러보는 모범적이고 최첨단을 가는 소수민족이다. 중국이 집체주의를 표방하였을 때 우리 동포가 이룩한 만융촌을 모범촌으로 세계 각국에서 중국을 견학하러 오는 외국인에게 개방해 보여주었다. 중국이 개혁개방을 이루어 현재 연변조선족자치구의 인구가 감소한다고 한탄하는 사람이 있으나 중국의 우리 동포는 중국인보다 산업화, 선진화에 앞장서고 한국의 기업인들과 같이 연해주개방지구와 산업지구에서 중국 사람들과 어깨를 나란히 중국의 산업화에 최첨단에서 경쟁을 도모하고 있는 유일한 소수민족으로 활약하고 있다.

1937년 연해주에서 중앙아시아로 강제이주당한 러시아의 고려인이라 불리는 한인 동포들이 가장 많이 거주하는 우즈베키스탄에서 개혁개방 전의 김병화 콜호즈나 포리토젤 콜호즈는 전 소련에서도 가장 유명한 모범 콜호즈로 세계 모든 나라에서 소련을 방문하는 외국인에게 공개한 모범적인 콜호즈였다. 물론 개혁개방 이후 이 콜호즈는 예전의 모습을 되찾지 못하고 있으나 개혁개방된 조건에서 또다시 모범적인 소수민족으로 다시 살아남는 작업을 진행하고 있다.

우리의 재외동포들은 남미와 같이 근년에 이주해간 곳에서나 중앙아시아에서나 중국에서와 같이 오래된 지역 등 모든 지역에서 역경을 극복하고 성공하여 건실한 시민으로 충실한 삶을 영위하고 있어 거주국 주민의 칭찬을 받고 존경받는 민족으로 살아가고 있다. 그 중에서도 크게 성공한 사람들이 있다. 미국의 이종문(李鐘文) 회장은 실리콘밸리에서 손꼽히는 대 재벌인 동시에 미국 오바마 정부의 외교안보이사회의 유일한 아시아계 대표로 활동하고 있다. 일본의 손정의(孫正義) 회장은 일본에서 제일가는 부자로 알려져 있을 뿐만이 아니라 일본의 전 산업계를 주도하고 있는 분이다. 스페인에는 권영호(權英浩) 회장, 인도네시아의 승은호 회장, 말레이시아의 권병하 회장 등은 그 나라의 대재벌일 뿐만 이아니라 작위를 받은 국보급의 인물로 존경받는 분들이다. 중국에는 한국계 장성인 조남기 장군을 위시하여 15명에 이른다.

이미 작고하였지만 독일의 윤이상(尹伊桑)과 프랑스의 이응로(李應魯)는 유럽에서 존경받는 음악가이고 화가이다. 독일 사람이 말하기를 윤이상 선생은 베토벤 이후 최고의 독일 작곡가라며 칭찬을 아끼지 않고 있다. 이러한 모든 인력을 모아 협력체를 이룬다면 한국은 결코 작은 나라가 아니고 세계적인 문화대국이다.

V

결론

재외동포들이 있다는 것 자체가 국제화의 시작이라 하겠다. 동포들의 일거수일투족이 모두 한국인의 생활을 반영하는 것이기에 조심하고 신경을 쓰는 것과 같이 동포들의 삶 자체가 실험대이고 진열대에 놓인 삶이다. 한국에서는 보통으로 넘어갈 일도 외국에서는 이상하게 보이기 않을까 신경 쓰게 되고 긴장한다. 외국에서 이민으로 사는 것은 긴장의 연속이다.

이민생활이 고달픈 것 못지않게 특히 초기 이민자들은 어려운 여건을 감수해야 했다. 재중동포나 재일동포가 그러하였듯이 재러동포도 최악의 역경 속에서 살아남아야 했으며 무엇보다 나라를 잃은 망국의 한을 달래고 한국의 독립을 위하여 투쟁을 감수해야 했다. 이러한 악조건이 우리의 재외동포들이 한국을 더 극진히 생각하고 모든 희생을 감수하면서도 남다른 애국심과 애향심을 갖게 하였을 것이다. 해방 후 일본에 남아 재일동포가 된 사람들이나 중국에 남아 재중동포가 된 사람들도 자신들이 악조건에 있으면서 조국인 한국을 도와주어야겠다는 의지는 누구보다 강하여 건국 초기부터 한국을 도왔다. 특히 한국전쟁 당시 그리고 폐허에서 일어설 때 재일동포들은 모든 힘을 다하여 한국을 도왔다.

3년의 계약노동으로 독일에 도착한 광산근로자나 간호사는 기숙사 생활과 언어의 불편을 느끼면서도 온힘을 다하여 한 푼이라도 더 벌어 한국에 보내왔으며, 그들의 노임을 담보로 하여 한국에 차관을 들여오게 하였고 이것이 밑거름이 되어 한국은 경제발전을 수행할 수 있게 되었다.

　재외동포가 한국에 직접 공헌한 것의 대표적인 사례는 재일동포들의 후원일 것이다. 재일동포들은 한국에서 가장 가까운 곳에 거주하는 동포들이고 한국의 사정을 가장 잘 아는 동포들이기 때문에 한국을 도와주었지만, 재일동포 자신은 일본으로부터 많은 고난을 겪었으며 그 고통이 민족애로 승화하여 한국을 더욱 애틋하게 여겨 도와주었던 것이다. 말하자면 재일동포들은 자신들의 고통이 심하면 심할수록 한국을 더욱 강하게 후원하고 지원하였다. 새마을운동을 추진할 때 한국을 도와준 것은 경제원조의 수량으로 평가하기 어려운 깊은 애국심 또는 애향심이 숨겨져 있다. 경상북도가 '섬유도'가 된 것도 재일동포의 덕이며, 경상남도가 신발 산업의 중심지가 된 것도 재일동포의 덕이지만, 제주도가 '감귤도'가 된 것도 재일동포 덕분이다. 일본에서 한국제품 전시회를 열거나 민단, 상공회, 부인회 등의 총회를 한국에서 개최하는 것 등 말로 표현하기 이전에 온몸으로 나라사랑을 실천하는 것이 재일동포들이다. 재외동포가 한국을 도와준 것을 국제화라고 한다면 재일동포는 가장 적극적으로 한국의 국제화를 도와준 동포이다. 그리고 이것을 준국제화라 한 것은 한국의 산업화를 도와 한국이 외화를 획득할 수 있도록 하였기 때문이다.

　한국이 중화학공업화를 추진하던 1970년대에 재미동포들이 한국에 두뇌를 제공한 것도 재미 유학생의 한국에 대한 특이한 애국심의 발로였다. 당시 재미유학생의 주류를 이룬 학생들은 1965년 미국에서 새 이민법이 발표되기 전인 1950년 전후에 미국으로 유학 간 학생들이다. 이들은 미국 유학생 초기로 한국이 곤란하였던 시기에 유학을 갔으며 유학 가서 누구 하나 접시닦이 등 심한 고생을 하지 않은 사람이 없었다. 그들이 억척스레 공부할 수 있었던 것은 가난한 조국에 미력이나마 보탬이 되기 위하여 열심히 공부한 강한 의지를 가졌고 그것의 발현이 한국에의 두뇌 제공이다. 당시 후진국 학생들은 미국에 유학 가서 공부를 끝낸 후 대부분 미국에 머물렀다. 이것을 '두뇌 유출'(brain draining)이라 하였다. 미국은 강력한 경제력으로 후진국의 두뇌를 수입하여 국력을 발전시키고 후진국은 좋은 두뇌를 미국에 빼앗긴다는 의미에서 두뇌 유출은 선진국이 향유하는 것으로만 생각하였다. 당시 미국 부통령이 한국의 KIST 개원 축하 연설에서 한국의 두뇌 역수출이라는 말은 의미 있는 말이었고, 한국은 후진국이면서도 자기 동포들의 두뇌를 미국에서 역으로 수입하여 큰 발전을 도모한 나라가 되었다. 이것은 재미동포 과학자와 기술자의 헌신적인 노력의 결과이기도 한다. 재일동포가 물질적인 후원으로 한국의 근대화에 공헌하였다면 재미동포는 두뇌로 한국의 국제화를 후원하였다. 재일동포의 공헌을 준국제화에 대한 공헌이라 한다면 재미동포들의 두뇌도 준국제화에 속하지만 이것은 물질과는 차원을 달리하는 과학과 기술의 차원 높은 공헌이라 하겠다.

재중동포들의 한국에서의 노동력 제공을 재중동포의 공헌이라는 것에 의심을 품는 사람이 많다. 한국에서 돈을 벌어간 것이 어떻게 한국에 공헌이 되느냐는 것이다. 그러나 당시 중국 동포들의 값싼 노동력의 제공이 없었던들 한국의 고도성장을 보여주는 일산과 분당의 건설이 늦어졌을 것이라는 것에는 이의가 없을 것이다. 당시 중국동포들은 불리한 조건에서도 묵묵히 일하였고 산재를 당하고도 호소할 곳도 없는 불안한 상황에서 성실히 일하여 한국에 큰 도움을 주었다. 중국동포를 포함하여 한국은 재일동포의 경제력, 재미동포의 기술력 그리고 재중동포의 노동력을 기반으로 산업화를 이루었기에 이들을 준국제화의 3요소라 하고, 이 3요소를 모두 해외에 있는 동포들에게서 큰 도움을 받았다는 것을 환기시키려 한다.

국제화를 구체적으로 실현한 사람들이 중국동포들이다. 한국이 중국과 수교한 지 올해로 20주년이 된다. 이 짧은 기한 내에 10만 명에 달하는 한국 기업인이 중국에 진출하여 자리를 잡고 성과를 올린 것은 중국에 우리 동포가 거주하고 있었기 때문이다. 말하자면 중국동포는 한국인의 국제화에 가장 큰 공헌을 하였다. 중국은 현재 공산당 일당이 지배하는 나라로 원래부터 상업과 경제를 중시하는 나라이기에 유교에 젖어 물질을 경시하는 유교국 조선에서 자란 한국인들과는 다른 상도덕을 갖고 있다. 이러한 중국에 한국 기업가가 진출한다는 것은 몹시 어려운 문제였다. 이것을 극복하고 중국에서 사업을 할 수 있게 한 것은 중국동포의 덕분이라고 생각한다. 한국의 국제화를 기준으로 보았을 때 재중동포들은 가장 현실적인 공헌을 한 동포들이다.

국제화시대에 재외동포가 중요하다는 것은 아무리 강조하여도 지나침이 없다. 더욱이 재미 동포들과 같이 실질적인 공헌을 한 경우는 더욱 그러하다. 미국은 현재도 세계를 지배하는 초강대국이다. 이러한 나라에서 그들의 대학수능고사인 SAT Ⅱ에 한국어를 첨가시킨 것은 대단히 중요한 사항이라 아니할 수 없다. 이것은 한국어가 이 세상에서 언어로 존재하기 시작한 이래 세종대왕의 한글 창제에 다음 가는 중대한 사건이라는 표현을 사용해보았다. 말하자면 한국어는 미국이 인정하는 국제어가 된 것이다. 미국 SAT Ⅱ에 한국어가 들어간 이유는 말하자면 미국이 한국어를 국제어로 인정하였기 때문이다. 이것을 계기로 한국은 완전한 의미의 국제화를 한 것이다.

문제는 한국어가 미국 SAT Ⅱ에 들고 국제화에 진입한 것이 아니라 한국어가 SAT Ⅱ에 들고 나니 같은 SAT Ⅱ에 들어 있는 중국어, 일본어와 경쟁하게 된 것이 문제이다. SAT Ⅱ에 들어 있는 외국어는 유럽언어 6개였다. 여기에 일본어, 중국어, 한국어 3개 국어가 든 것이다. SAT Ⅱ에 든 3개국은 미국을 무대로 자기 나라 말과 자기 나라 문화를 선전하기 시작하였다. 그 치열함이 극에 달하여 이것을 '문화전쟁'이라 하였다. 말하자면 미국에서 국제어로 인정받은 일본, 중국, 한국은 제각기 자기 나라가 동양 문화의 정통성을 갖고 있고 우수하다는 것을 알리는 전쟁을 치열하게 벌이고 있다.

중국과 일본 그리고 한국이 미국에서 추진하고 있는 문화전쟁은 다른 지역에서도 추진하고 있기 때문에 그 도가 심하다. 중국과 일본은 동북아시아에서 패권을 다투고 있으며 동남아시아 지역을 자신들의 영향권에 넣기 위한 경쟁을 벌이고 있는 것은 우리가 익히 알고 있는 사실이다. 동남아시아 10개국이 아세안을 형성하고 수뇌회담을 거듭하면서 중국, 일본 그리고 한국은 이에 더하여 이른바 아세안+3을 개최하면서 중국, 일본, 한국의 동남아시아에서의 경쟁은 더욱 치열해졌다.

중국과 일본은 더 나아가 세계를 공략하는 무서운 전술을 전개하고 있다. 한미 FTA를 계기로 한국에게 우위권을 빼앗겼다고 생각하는 중국과 일본은 태평양 지역에서 패권다툼을 전개하고 있다.

이러한 사정은 인구에도 영향을 미치고 있다. 한국은 남북을 합쳐서 8천만이고 남한만은 5천만에 불과하여 1억 2천의 일본 그리고 13억의 중국에 비하여 작은 나라라고 하지만 우리는 170여 개국에 7백만의 재외동포를 갖고 있다. 이수자도 그러하다. 여기에는 20만 명에 달하는 국제결혼을 한 여성과 20만 명에 가까운 입양인이 제외되어 있다. 이들은 모두 귀한 한국인이고 한국인의 후손들이다. 이들을 한국인이 제외시키고 있을 뿐 그들이 한국을 존경하고 사랑하는 것은 한인 동포들 못지않다. 이들이 한국을 사랑하여 한국인에 포함한다면 그 수도 무시할 수 없다. 또한 우리는 한국전에 참가했던 미국의 재향군인을 갖고 있다. 이들은 한국전쟁이 끝난 지 벌써 반세기가 넘어 그 수가 적을 것으로 생각한다. 그러나 이들의 수가 250만 명이나 된다고 한다. 휴전 이후 오늘날까지 한국에서 근무했던 미군이 제대하면 한국전 참전 재향군인회에 가입한다는 것이다. 이들의 수가 250만 명이나 되고, 이들은 한국을 위하여 무엇인가를 공헌하려 하는 정신을 갖고 있다. 이들 국제결혼을 한 여자, 입양인, 미국 재향군인들까지 합하면 우리는 700만이 아니라 800만 명의 동포를 갖고 있는 셈이 된다. 그리고 이들은 그냥 단순한 재외동포가 아니라 "태풍이여, 한반도로 가지 말고 일본으로 오라."는 말을 하는, 다른 나라에서는 찾아볼 수 없는 특이한 동포들이다.

우리는 전 세계적으로 1억 명이나 되는 태권도 단원을 갖고 있다. 일찍이 해외에 진출한 나라에서는 한국인 사범이 은퇴하고 현지인 사범이 증가하고 있다. 이들의 고민은 이러하다. 미국 국기를 달고 단원들에게 경례하라면 하지 않고 태극기를 달아야 90도로 각듯이 경례한다고 한다. 또 영어로 동작 호령을 하면 움직이지 않는다는 것이다. 무슨 뜻인지는 잘 몰라도 한국어로 호령하면 사람들이 따라서 동작을 한다고 한다. 이와 같이 한국어로 해야 말을 듣고 태극기에 90도로 경례하는 태권도인이 1억이나 있다. 이들은 태권도 종주국인 한국에 한번 와보는 것이 소원이고, 한국을 어느 나라보다 더 귀중하게 여기고 동경하고 있다. 이것을 우리는 모른다고 외면할 수 없으며 이들은 우리 문화를 사랑하는 우리 민족으로 포용해야 한다. 이제야 우리는 미국 SAT II에 한국어가 채택된 이유를 알 수 있게 되었다.

우리는 이제 문화대국화를 위하여 매진할 때가 왔다. 재외동포와 한국을 사랑하는 모든 사람을 동지로 하여 미국을 위시하여 전 세계에 한국 문화를 선전하고 한국 문화의 특수성을 강조하며 한국 문화

를 세계인류 문화의 당당한 일원으로 참가하게 하여 인류 문화를 살
찌게 하는 작업에 온힘을 다해야 할 것이다.

부록

새 시대 한인회장단이 발휘해야 할 리더십

1. 한국의 위상

2011년 12월, 한국은 산업화의 영웅 박태준을 떠나보내는 서러움에 잠겼다. 1970년대의 한국은 중화학공업화를 추진하면서 한 세기에 한 명 나올까 말까 한 산업시대의 영웅호걸을 다섯 명이나 가졌다. 박태준 회장이 네 번째로 돌아가시고 이제 한 분의 영웅만 남았다. 다섯 분의 영웅호걸은 박정희, 이병철, 정주영, 김우중 그리고 박태준이었다. 이들은 무에서 유를 창조한 한국 산업화의 영웅들이다.

정주영 회장이 울산에 조선소를 만든 것은 하나의 기적이었다. 네덜란드에서 조선 수주를 받고 세계은행에 갔을 때 조선소도 없는 나라에 어떻게 자금을 대느냐고 했을 때 한국 지폐 만 원짜리 윗면의 거북선을 보여주며 우리 조상이 이렇게 일찍이 조선 기술을 발전시켜 온 나라라고 자랑하여 세계은행에서 지금을 지원받았다. 그리고 울산 항에 둑을 쌓고 양쪽에서 메워온 방조제를 마무리 짓는 작업을 하지 못하고 망설이고 있을 때 정주영 회장은 배에 돌을 잔뜩 싣고 방조 축대를 이어야 할 곳에 그 배를 가라앉히고 제방을 완성하였다는 실화는 유명한 이야기이며, 이것이 공법으로 인정받아 공과대학 학습지에도 그 공법이 언급되고 있다고 한다. 이리하여 현대중공업은 조선소를 완성하였고 오늘날 우리나라는 조선에서 일본을 제치고 세계 1위를 달리고 있다.

박태준 회장이 포항제철소를 건설한 것도 불가능을 가능으로 바꾼 만단 신화 같은 이야기이다. 황무지 허허벌판에 제철소를 짓기 위해 자금을 빌리러 갔을 때 세계은행은 그를 미친 사람이라 하고 수지도 맞지 않을 타당성이 전혀 없는 제철소를 황무지에 어떻게 짓느냐고 조소하는 것을 인내로 이기고 설득시켜 자금을 조달받고 일본과 미국의 기술 원조를 받으면서 눈물겨운 제철소 착공을 시작하여 오늘날 포항제철소는 한국 수출의 가장 큰 효자 노릇을 하고 있다.

이제 한국은 중공업화를 완성하여 산업화에 성공한 나라의 대표자가 되었다. 오늘날 한국은 조선을 위시하여 세계 1위 품목이 127개이고 5위 안에 들어 1등에 도전하는 품목이 470개에 달하는 나라가 되었다. 1위인 품목 중에서 흥미로운 것이 오토바이용 헬멧, 자전거 신발 나눅스, 디지털 잉크젯 인쇄기 등이 있다. 이리하여 한국은 2011년, 1조 달러의 무역고를 달성하여 세계 9위가 되었다. 한국은 현재 미국을 위시하여 44개국과 FTA를 체결한 나라로 이들 FTA 범위 내에 세계 인구의 38.5%인 25억의 인구와 세계 GDP의 62.3%인 GDP 34조 75억 달러를 가진 지역이 되었다.

한국이 미국과 FTA를 체결한 이후 중국과 일본이 한국을 바싹 추격하고 있다. 특히 일본은 마치 한·미·일 동맹에서 주도권을 빼앗긴 양 태평양 무대에서 미국을 따라가기 위해 분주한 모습을 보이고 있으며, 중국은 한국과의 관계개선을 도모하여 한·미 FTA를 따라오려 하고 있다.

2. 후기 산업사회

2100년 말에 작고한 미국의 스티브 잡스(Steve Jobs)가 마지막 시비를 건 대상은 일본의 도시바가 아니라 한국의 삼성이었다. 그는 제품과 가격 그리고 기술에서 한국의 삼성과 시비를 벌이다가 세상을 떠나고 말았다. 말하자면 미국 IT 산업의 주 대상은 한국의 삼성이었다.

후기 산업사회에서 '산업'이란 IT, BT, NT, CT 등을 말한다. IT란 Information Technology이고, BT란 Bio Technology이며, NT는 Nano Technology이고, CT는 Culture Technology이다. 이들을 하나로 묶어 퓨전 테크놀로지(Fusion Technology)라고 한다.

IT 산업

후기 산업사회의 대표적인 산업이 반도체이다. 반도체에서 한국이 최첨단을 달리고 있음은 잘 알려진 사실이다. 2005년 9월, 삼성전자 반도체 총괄사장인 황창규 사장은 신라호텔에서 기자회견을 열어 새로이 개발한 50나노 기술을 적용한 '16기가비트 칩'을 설명하였다. 황 사장은 이것을 2000년 전 종이를 발명하여 정보전달의 신기원을 이룩한 것과 비유하면서 앞으로 필름, 콤팩트디스크(CD) 등 휴대 가능한 모든 전자제품의 저장 장치를 플래시 메모리가 대처하는 '제2의 종이혁명'이 시작됐다고 말했다. 황 사장은 한국에서 새로운 디램을 발견하고 신제품을 발표할 때마다 앞장서서 신제품을 설명하곤 하였다.

한국이 IT 메카임을 보여주는 것이 바로 '동북아 IT 허브'이다. 서울 마포구 상암동에 세워진 '누리꿈 스퀘어'는 디지털미디어센터(DMC)의 대형 복합건물이다, 이곳이 국내외 첨단 정보기술(IT) 업체를 한데 모아 이룩한 동북아 IT 비즈니스의 허브(중심)이다. 누리꿈 스퀘어는 22층의 비즈니스센터, 16층의 연구개발센터, 4층의 공동제작센터와 디지털 파빌리온의 4개 동으로 이루어졌다. 건물 전체에서 가장 눈길을 끄는 것은 비즈니스센터와 연구개발센터를 연결하는 'IT 캡슐'이다. 이 구조물은 디지털콘텐츠(DC)와 소프트웨어(SW)를 중심으로 한 IT 분야의 R&D(연구개발) 기능과 마케팅, 생산, 유통 기능을 한곳에 모아 시너지를 내겠다는 누리꿈 스퀘어의 건설 목표를 상징한다.

BT 산업

한국은 BT 산업에서도 최첨단을 걷고 있는 나라이다. BT는 현대 과학이 집대성한 오케스트라와도 같다. 생물학, 물리학, 수학, 의학, 심지어 철학, 심리학, 인류학, 윤리학까지 결합한 새로운 형태의 학문과 기술 영역이며 융합의 예술이라고까지 할 수 있다. BT의 목적이 인류의 삶의 질을 향상하는 데 있지만, 궁극적으로는 산업화, 즉 실용화를 목표로 한다. BT의 미래를 말하기를 BT를 선점할 수 있는 나라는 지구의 지도를 바꾸어놓는다고 한다. 이런 의미에서 지금은 역사의 큰 변화의 순간이기도 하다.

인류 최초로 인간배아 복제를 통해 줄기세포를 배양하는 데 성공하여 전 세계 생명공학계의 중심에 우뚝 선 황우석 교수가 한민족의 영웅이 되었다. 인간복제가 생명윤리에 반할 것이라는 우려에 대하여 그는 "우리의 목적은 단지 난치병을 고칠 수 있는 기술을 갖는 것일 뿐 나를 포함한 생명공학자들은 신을 대신할 사람으로 기록되길 원치 않는다."고 말하였다. 그러나 불행하게도 국민의 영웅이던 황우석 교수는 2005년 11월 미국 피츠버그 대학 제럴드 새튼 교수와 결별한 후 언론계의 추적으로 '줄기세포 사건'이 끝없는 추락을 거듭하더니 전 세계를 놀라게 한 복제 줄기세포는 실체가 없는 것이 밝혀졌고, 결국 그는 서울대 교수직마저 박탈당하고 말았다.

그러나 세계 각국은 앞다투어 인간 배아 줄기세포의 연구를 거듭하고 있으며, 한국에서도 생명공학 연구를 계속하여 노벨상 후보에까지 오른 서울대 생명과학부 김빛내리 교수는 생명공학 최고 권위지인 〈셀(Cell)〉지에 단백질과 함께 생명현상의 중요 조직물질로 부각되고 있는 '마이크로RNA(microRNA)의 생성과정'을 새롭게 밝힌 논문을 발표했다. 김 교수는 2002년 마이크로RNA가 2단계의 변형을 거쳐 만들어진다는 사실을 세계 최초로 밝혀냈으며, 이듬해에는 첫 단계 변형에 관여하는 드로샤(Drosha)라는 핵심 단백질을 찾아내 〈네이처〉지에 발표했다. 마이크로RNA는 DNA가 다른 RNA에 달라붙어 DNA에 있는 특정 유전자의 정보가 단백질로 구현되는 것을 막는다. 이 과정을 모방하면 질병을 일으키는 유전자를 자유자재로 차단할 수 있어 전 세계적으로 주목을 받는 것이다. 최근에는 마이크로RNA의 유전자 조절기능이 고장 나면 암이 발생한다는 사실도 밝혀져 그 중요성이 더욱 높아지고 있다.

NT

나노기술은 머리카락의 100만분의 1에 해당하는 미세한 물체를 이용하는 기술로, 말하자면 1미터의 길이를 10억 개로 나눈 길이인 나노미터 수준에서 물체를 만들고 조작한다. 물질의 크기가 작아짐으로써 얻을 수 있는 정보저장 및 처리의 극대화를 이용한 기술이다. 따라서 나노기술은 IT 또는 BT 등에도 많이 사용되고 있다.

IT에 황창규, BT에 황우석 교수가 있다면 NT 분야에는 서울대학교 문리과에 재직 중인 국양 교수가 있다. 그는 교육인적자원부와 한국학술진흥재단이 선정한 2006년 국가석학 10명 중에 선정되었다. 국양 교수는 나노과학을 선도하는 세계적인 권위자로, 탄소나노튜브와 관련된 분야의 세계적 권위자이자 독보적 존재이다. 그는 그간 130여 편의 논문을 〈네이처〉지에 발표하였고, 그의 논문이 인용된 횟수가 1,800회가 넘는다고 한다. 말하자면 한국은 NT에서도 세계적인 수준에 있다.

국양 교수는 1984년 주사터널링현미경(STM)을 처음으로 만들어 세상을 놀라게 한 인물이다. 이것은 손 역할을 하는 특수한 칩을 이용해 원자의 표면을 볼 수 있는 특수 장치이다. 국양 교수는 나노세계에서 일어나는 현상을 볼 수 있는 각종 시설과 장비, 말하자면 주사터널링현미경, 원자간력현미경(AFM), 주사형게이트현미경(SGM) 등을 갖춘 연구실에서 박사 5명, 박사과정 14명, 석사과정 3명 등 22명으로 이루어진 나노기억매체 연구단을 이끌고 연구에 매진하고 있다.

CT

한국이 가장 유명한 것이 바로 CT다. 10년 전 일본, 중국, 동남아시아에 불어 닥친 '한류'가 말하자면 CT다. 배용준이 주인공으로 출연한 〈겨울연가〉가 일본에 상륙하여 인기를 끈 것은 배용준이 영화배우여서만이 아니라 품위 있고 고상하다는 점과 가부장제가 강하게 남아 있는 일본배우와 비교하였을 때 일본 여성에게 매력적인 존재였기 때문이다. 일본에서 가장 유명한 한류 스타는 가수 보아이다. 일본을 주름 잡는 보아를 일명 '걸어 다니는 기업'이라 한다. 그녀의 역동적인 춤과 노래는 일본인이 감히 흉내 낼 수 없는 특이한 것으로 일본인의 선망이 되고 있다.

1997년 이후 MBC에서 방영한 연속극 〈사랑이 뭐길래〉가 중국 조선족 번역가에 의해 중국어로 더빙되어 CCTV에서 방송되었는데, 이것이 방영되는 시간대는 길거리가 한산할 정도였다. 2003년부터는 〈푸른 산타령〉, 〈이브의 유혹〉, 〈목욕탕집 남자들〉, 〈성몽기연〉, 〈아름다운 나날들〉, 〈황금마차〉 등이 중국 전국 각지의 TV 방송국에서 방영되었으며, 이들 드라마의 주인공인 안재욱, 김희선, 송승헌, 송혜교, 장동건 등이 중국에서 우상이 되었다(김관웅, 2004; 69).

중국에서는 안재욱과 그의 드라마 〈별은 내 가슴에〉가 이른바 한미(韓迷: 한국 마니아)라 불리는 한류 팬층을 형성한 것은 폐쇄된 사회 속에 살면서 느껴보지 못한 문화적 감성과 상류층 가족의 가치 등을 대리만족시킴으로써 인기를 끌게 된 것이다.

1999년, 〈의가형제〉가 방영된 이후 베트남에서는 장동건이 '국민적 스타'로 부상하여 6회나 재방송하였으며, 이후 화보에도 나와 폭발적인 인기를 끌었다. 이처럼 한류는 일본과 중국뿐 아니라 유교문화권이라는 대만, 홍콩, 베트남을 위시하여 동남아시아 여러 나라로 전파되면서 영화만이 아니라 TV 드라마, 음악, 무용 등으로 확산되었고, 더 나아가 한류 스타들이 그 나라 젊은이의 우상이 되어 유행의 원천이 되었다.

뉴욕에서는 가수 '비'의 인기가 대단하였다. 미국 매디슨 가든 시어터에서 2006년 2월 2일, 아시아 가수로서는 처음으로 '뉴욕의 비 오는 날(Rainy Day in New York)'이란 제목으로 단독 콘서트를 열었다. 관객 5천여 명이 "아이 러브 유!"라고 하며 공연 내내 탄성을 질렀고, 군중은 "아이 러브 유 투"로 응답하였다. 히트곡과 함께 비의 역동적 춤은 뉴욕에서 성공적인 데뷔를 했다.

뉴욕을 통해 미국에 상륙한 것과 마찬가지로 한류는 프랑스 파리에 상륙하여 유럽 여러 나라로 확산해가고 있는 한편, 한류는 이집트 카이로 방송을 통하여 중동과 아프리카로까지 확산해가고 있다. 카이로에서 〈가을동화〉가 방영되는 시간에는 거리에 사람이 없어 '드라마 통금'이라는 말이 나오기도 하였다.

한류는 노래, 영화, 드라마를 넘어 다른 영역으로 확대되어 갔으니 그 효과는 화장품과 비누기과로 전파되었다. 중국과 동남아시아 주요 도시의 최고급 백화점에는 한국 화장품인 태평양의 '라네즈' 화장품이 최고의 위치를 차지하고 있다. 그리고 화장품만이 아니라 한국식

화장기법도 유행하고 있다.

성형의 경우 북경 영재의원 같은 대형 병원이 중국 전역에 20여 개의 비뇨기과 전문의원을 건립하였으며, 한국식 성형을 원하고 한국 전문의 집도를 원하더니 이제는 한국으로 성형수술을 하러 오는 젊은이들이 늘어나고 있다.

중국에 이어 베트남 여성들이 서울에 와서 성형수술하기를 원하고 있다. 호주나 싱가포르에서도 저렴한 가격으로 할 수 있으나 굳이 한국을 고집하는 것은 "TV 드라마 속의 한국 여성 같은 코를 갖고 싶다."는 간절한 소망 때문이다. 2004년, 톱 가수 미땀이 한국에서 코 성형을 받고 온 이후 하노이와 호치민의 부유층 여성들 사이에 코 성형이 유행하고 있다.

한국은 이제 의료관광으로 수입을 올리는 나라가 되었고, 특히 성형외과로 유명한 나라가 되었다. 현재 한국에는 성형외과 병원이 729개소가 있고 성형외과 전문의가 1,242명이며, 비전문의까지 합친다면 성형외과에 종사하는 사람이 4천 명이나 된다고 한다. 특히 서울의 압구정동과 청담동 그리고 부산의 서면이 유명하다. 성형외과의 진료 수입이 1,869억 원에 달하고 미용 목적 성형시장이 3조 원이라 하며, 생산유발 효과는 3,500억 원이라 한다(중앙일보, 2009.12.28).

한류에 힘입어 한국 상품 구매 열기가 더하여지고 한국을 여행하는 사람도 대폭 증가하였다. 일본에서는 욘사마의 촬영장을 보기 위한 중년층 아줌마들의 여행이 정기적으로 이루어지고, 다른 로케이션도 관광객으로 가득 차 있다.

K-Pop

최근에 K-Pop, 즉 신한류가 파리를 기점으로 유럽에 상륙하였고, 뉴욕을 통해 미국에 상륙하여 대인기를 끌고 있다. 2010년 6월, 파리에 상륙한 SM Town Live in Paris는 14,000명의 관객이 모여들었고, 12월에 런던 02 Brixton Academy에서 공연한 K-Pop에는 5인조 걸 그룹인 포니밋, 6인조 댄스 그룹 비스트, 지나, 큐브 패밀리 등이 무대에 올랐다. 한편 유나이티드 큐브는 일본 동경 무도관에서 공연하였고, 멀리 브라질에까지 K-Pop 공연이 있었다.

말하자면 1990년대에 시작한 한류는 일본, 중국, 동남아시아에서 출발하여 뉴욕, 파리로 확대되었고 신한류는 반대로 파리, 뉴욕에서 아시아로 확대되어가고 있다. 한류와 신한류의 전파 방향이 다른 것처럼 한류는 영화에서 시작하여 연예인으로 인기가 전파되었다면 신한류는 노래와 춤으로 시작하여 퍼져 나갔다. 한류는 40대에게 인기가 있고 신한류는 20대에게 인기가 있어 열광하는 20대는 인종과 국경을 초월하여 K-Pop에 말 그대로 미치고 있다.

말하자면 후기 산업사회에서는 한국이 9위 국가가 아니라 최첨단 산업에서 전 세계를 주도한다. 세계를 주도한다는 한류나 신한류가 얼마나 갈 것이냐며 비관적인 시각을 가진 사람도 있다. 그러나 이것이 단순히 작곡을 하여 그 노래를 어떤 가수가 부르는 것이 아니라 피눈물 나는 희생 위에 피어난 엄청난 꽃이기에 그리 쉽게 끝날 것이 아니고 그리 쉽게 시기할 것도 아니다. 당분간 전 세계는 신한류에 휩싸여 한국의 20대 젊은이들이 음악과 무용 그리고 무대를 휩쓸 것이다. 그리고 그다음에 다른 새로운 한류가 그 뒤를 이을 것이다.

이렇게 한국은 국제무대에서 인정받아 G20 회원국이 되었다. 그간 한국은 OECD에 가입한 유일한 개발도상국이었고, 한국은 원조를 받던 나라에서 원조를 주는 DAC의 회원국이 되었다. 한국은 PKO에 파병하는 나라가 되어 2011년 2월 현재 레바논에 350명, 아이티에 240명, 인도-파키스탄에 10명 그리고 라이베리아, 아프가니스탄, 수단, 네팔, 동티모르, 코트디부아르, 서부 사하라 등지에 각 2명씩 모두 645명의 병사를 파견한 나라가 되었다.

3. SAT II에 채택된 한국어

미국은 세계 경찰국으로 전 세계 여론을 주도하고 세계무대를 주름잡는 초강대국이다. 이러한 나라가 한국어를 SAT II에 채택한 것은 기적에 가까운 현상이다. 한국어가 6개 유럽 언어만 있는 SAT II에 아홉 번째 외국어로 채택되었다. 여기에는 6개 유럽 언어 이외에 일본어, 중국어 그리고 한국어가 있다. 일본어는 세계 2대 경제대국의 언어이기에 SAT II에 채택되었고, 중국어는 유엔어이기 때문에 SAT II에 채택되었다. 그러나 한국어는 경제 2대 강국의 언어도 아니고 유엔에서 사용하는 언어도 아니며, 톨스토이 같은 대문호가 있는 나라의 말도 아니고 한국어를 몰라서 최첨단 과학을 하지 못하는 것도 아니다. 만일 한국어가 미국에서 SAT II에 채택될 이유가 있다면 그것은 미국에 230만 한인동포가 있다는 것과 1992년 LA사태 때 희생된 것밖에 없다. 따라서 이 두 가지 조건이 한국어를 SAT II에 채택하게 한 원인일 것이고, 그리고 한국이 강대국이 된 것이 또 하나의 원인이 되었을 것이다.

미국에게 한국은 어떤 나라였을까? 워싱턴 D. C.에 세워진 한국전쟁기념관에는 이런 글이 적혀 있다. "Our kation honors her sons and daughters who answered the call to defend a country they never knew and people they never met." 말하자면 한국전쟁이 일어난 1950년까지만 해도 한국은 미국인이 모르는 나라였고, 한국민은 미국인과 만나보지도 못한 민족이었다.

여하간 SAT II에 한국어가 채택된 것은 한국어를 사용하는 한민족이 이 지구상에서 생을 영위하기 시작한 이래 세종대왕의 한글창제가 있었고 그다음으로 미국의 SAT II에 한국어가 채택된 것이다. 말하자면 한국어는 세계를 주도하는 나라에서 국제어로 인정받은 셈이다.

한국어가 SAT II에 채택된 것은 1996년이다. 이어 2000년, 미국은 Flagship Scholarship을 정하고 10개 국어를 추천하면서 이 중 한국어, 중국어, 일본어를 추천하였고, 2004년의 Bush Grant 2004에 한국어를 추가했으며, 2008년 Critical Language Initiative의 9개 국어에 역사, 한국어, 중국어 그리고 일본어를 추천하여 미국 학생들에게 배우기를 권하고 있다. 말하자면 미국 연방정부는 기회가 있을 때마다 한국어를 중국어나 일본어 같은 수준에서 배우기를 강조하고 있다.

4. 한·중·일의 경쟁

　문제는 한국어가 미국 SAT II에 채택된 것이 아니다. 한국어가 SAT II에 채택되고 나니 같은 SAT II에 들어 있는 중국어, 일본어와 경쟁하게 된 것이다. SAT II에 들어 있는 외국어는 유럽 언어 6개였다. 이곳에 일본어, 중국어, 한국어의 3개 국어가 들어간 것이다. SAT II에 채택된 3개국은 미국을 무대로 자기 나라 말과 문화를 선전하기 시작하였다. 그 치열함이 극에 달하여 이것을 '문화전쟁'이라 하였다.

　중국과 일본이 동북아시아에서 패권을 다투고 있으며 동남아시아 지역을 자신들의 영향권에 넣기 위한 경쟁을 벌이고 있는 것은 우리가 익히 알고 있는 사실이다. 중국과 일본은 더 나아가 세계를 공략할 무서운 전술을 전개하고 있다. 한미 FTA를 계기로 중국과 일본은 태평양 지역에서 패권다툼을 전개하고 있다. 오사카 민족학박물관에서 출판한 서적에 의하면 중국과 일본은 차(茶)를 놓고 중국의 홍차와 일본의 녹차가 세계를 지배하는 전쟁을 전개하고 있다. 또한 중국과 일본은 한자(漢字)를 놓고 누가 정통성을 가졌는지를 겨루는 무서운 싸움을 하고 있다. 중국이나 일본은 무력 또는 경쟁력으로 상대방을 물리치고 세계 일등국이 되려는 것이 아니다. 다만 중국이나 일본이 문화를 통하여 세계를 지배하려 하고 있으며, 이런 의미의 문화전쟁은 한자, 차문화 그리고 언어 영역에서 진행 중이다. 이러한 여러 영역의 문화전쟁을 추진하고 있는 지역이 미국이라는 개방된 사회, 세계를 주도하는 나라 미국에서 진행되고 있다.

중국과 일본이 무서운 전쟁을 하는 사이에 위치한 나라가 한국이다. 그러나 한자전쟁에서 한국은 한글 전용으로 슬며시 밀려 나와 그 싸움을 남의 나라 일로 느끼는 것과 마찬가지로 차전쟁에서도 한국은 한 발 물러서 있다. 일본이 앞세우는 녹차는 원래 한국에서 발생한 것이다. 한국은 불교와 더불어 차를 일본에 전해주었다. 그러나 우리는 조선조에 들어와 불교를 배척하면서 차문화도 멀리하였으며 일본이 일제강점기에 차를 갖고 한국에 임하였을 때 그 차를 일본차라고 배척하였다. 그리하여 우리는 차문화 전쟁에도 끼지 못하고 남의 일 인 양 느낌조차 없다. 우리의 한국어가 동양 3국의 문화전쟁에서 이런 모습이 아닌가 생각된다. 따라서 이제는 언어에서라도 중국과 일본의 경쟁에 끼어들어 그들에게 지지 말아야겠다.

한국어가 중국어나 일본어보다 열세일 수 없듯이 우리 문화가 중국문화나 일본문화에 비하여 열등한 것이 아니다. 우리 문화는 고유한 것이고 중국이나 일본에 비해 결코 낮거나 뒤진 것이 아니다. 이것을 쉽게 음식에 비유할 수 있다. 중국 요리는 돼지고기가 중심이고, 일

본 요리는 생선을 주로 하는 것이고, 우리 음식은 나물을 중심으로 한
다. 이처럼 차이가 뚜렷하고 특색이 있으며, 나물이 생선이나 돼지고
기보다 못하다는 말을 할 수 없는 것과 같다. 더욱이 근년에는 웰빙이
라 하여 채식을 장려하는 이때 한국 음식은 웰빙 시대의 선각자적인
위치에 있는 음식이라 하겠다.

5. 재미 한인사회 현황

한국은 산업화와 민주화라는 기적적인 사업을 성취하여 선진국 대열에 진입하였는데, 이것을 20세기 기적이라 보았다. 한국은 이것 이외에 또 하나의 기적을 이루었으니 그것은 한반도 이외에 한인동포 700만을 가진 것이다. 700만의 해외동포가 전 세계 170여 개국에 분산되어 있다. 해외동포는 말하자면 국력의 해외진출이라는 면에서 기적의 하나가 된다. 해외동포 사회의 성립을 기적이라 하는 것은 해외동포들이 갖는 기능 때문이다. 해외동포는 한민족의 자산이며 해외동포 1인이 한국 내 한인 10인의 역할을 수행하고 있다. 해외동포는 개인 외교관이고, 한국 제품을 선전하는 외판원이며, 한국의 문화를 선전하는 홍보관이다. 이러한 귀중한 해외동포가 미국에 230만, 중국에 213만, 일본에 100만, 러시아를 포함한 CIS에 55만 명 그리고 세계 도처에 없는 곳이 없다.

해외동포는 개인적인 공헌 이외에 한국을 위해 직접적인 공헌을 많이 하였다. 한국이 새마을운동을 전개하던 1960년대에는 재일동포

가 많은 기금을 가져다주었고, 1970년대 중화학공업화를 추진할 때
는 미국 동포가 기술을 가져다주었으며, 1990년대 일산과 분당을 건
설하는 고도 성장기에는 중국 동포가 노동력을 제공해주었다. 특히
독일에 파견된 광산근로자와 간호사는 봉급을 담보로 1억 8천만 마
르크를 빌려와 경제 5개년 계획의 밑거름이 되었다. 자본, 기술, 노동
그 어느 하나 근대 산업화에 필요하지 않은 것이 없다. 그리고 한국은
이러한 과정에서 재외동포의 도움을 많이 받았다.

이야기를 재미동포에 한정하기로 한다. 재미동포는 처음부터 두
가지 특성을 안고 출발하였다. 재미동포의 이민을 '엘리트 이민'이라
한다. 한국에서 이미 고등교육을 받았고, 심지어 사회적으로 어느 정
도 위치를 가진 사람이 이민 온 것을 말한다. 원래 이민은 애국심이
높지 않은 노동자 계급이 오는 것이 상례이지만 재미동포의 엘리트
이민은 달랐다. 엘리트는 한국에 대한 애국심이 상당히 높은 사람이
온 것이다. 그러나 미국은 재미동포의 애국심을 필요로 한 것이 아니
라 노동력을 필요로 하였다. 따라서 재미동포의 기대치와 미국의 기
대치 사이에는 큰 격차가 있었고, 재미동포들은 이것을 하향 조절해
야 했다. 하향 조절하는 동안 재미동포들은 많은 스트레스를 받아야
했다.

두 번째 특성은 '가족이민'이다. 보통 이민은 남자가 먼저 와서 기
반을 닦고 처자를 초청해오는 것이 상례이지만 재미동포들은 처음부
터 아내와 처자를 동반하고 이민을 왔다. 이민 초기의 어려움을 가족

전원이 함께 경험했다는 의미에서 가족 구성원 사이에 동지의식이 생길 것이지만, 가족 구성원 사이에 연령·세대·남녀 성별 차이 등에 따라 미국 문화에 적응하는 속도가 다르다. 자녀가 가장 먼저 미국 문화에 적응하고, 여자가 남자보다 더 빠르게 미국 문화에 적응한다. 이 적응 속도의 차이로 인하여 가족 구성원 간에 불화가 야기되고, 가정 불화는 가정폭력으로 확대되어 급기야 이혼으로 이어지기도 한다.

재미동포들이 미국으로 이민 올 때만 해도 가족당 1천 달러 이상을 가져오지 못할 때였다. 말하자면 맨주먹으로 낯선 이국땅에서 노동으로 시작하여 구멍가게를 이루고 이것을 넓히거나 다른 직종으로 옮기면서 사업을 확대하여 오늘날 대부분의 미국 동포는 모범적인 중간자 소수민족(Model Middleman Minority)의 역할을 다하고 있다.

미국에 이민 와서 열심히 일하여 가게를 장만한 것이 무슨 대수로운 일이냐고 자기 비하하는 동포가 많다. 그러나 무일푼에서 사업을 이룩한 것 자체가 미국 사회에 큰 공헌을 한 것이다. 특히 재미동포의 3대 에트닉 비즈니스(Ethnic Businesses)인 세탁업, 식품업 그리고 뷰티 서플라이(Beauty Supply)를 이룩한 것. 그중에서도 뷰티 서플라이는 한국인이 미국 사회에 공헌한 큰 업적의 하나이다. 흑인운동이 절정에 달할 무렵 한인은 유태인들에게서 흑인 머릿기름과 샴푸 장사를 물려받고 이것을 대중화하였다. 특히 당시 한국의 가발이 미국에 상륙하여 흑인의 가발을 한국인이 독점하여 이른바 뷰티 서플라이 산업을 자리매김하였다. 뉴욕에서 한인들은 청과상을 대중화하였고 네일 가게를 개

척하여 미국 사회에 크게 공헌하고 있다. 그리고 이들이 한국 제품을
사용하여 한국 산업에 큰 보탬이 되고 있다.

흔히 이민 1세는 경제적인 기반을 구축하기 위하여 전력을 다한
다. 한국인의 경우도 미국에 와서 영어를 배우기도 전에 산업전선에
매진하여 몸이 부서져라 두 탕, 세 탕 일하면서도 소상인의식은 벗어
나지 못하고 있다. 특히 재미동포에게 문제가 되는 것은 1960년대와
1970년대 한국 것에 대한 부정적 상징체계가 충만할 때 이주한 사람
이 많다.

재미동포들은 공정한 경쟁 사회인 미국에 이주하였기 때문에 여
러 가지 문제가 있다 하여도 사업에 성공한 셈이다. 이민자로서는 처
음으로 경제적인 안정을 구축하고 사업에 성공하여 버젓한 사업체를
가지고 있으며 여유마저 생겼다. 그러나 재미동포의 두 번째 특성인
가족이민에서 자녀 교육은 어떠하였는가. 미국으로 이민 온 한인들은
예외 없이 자녀의 교육 때문에 왔다고 한다. 그러면 이민의 목적인 자
녀 교육을 위하여 부모들이 어느 만큼 시간과 정력을 할애하여 자녀
교육에 임하였는가?

한국에서도 부모와 자녀 간에는 세대 차이가 있어 의사소통이 불
가능한데, 특히 이민 온 가정에서 1세인 부모와 미국에서 교육받은 2
세와의 사이에는 세대 차만이 아니라 문화 차이가 있다. 이것도 부모
가 노력하면 극복할 수 있는 문제였다. 그러나 한국 부모들은 새벽에

출근하여 자녀가 잠이 든 한밤중에나 귀가하여 자녀와 대화할 시간이 없었다. 미국에서는 초등학교와 중학교 시절에는 부모와 같이하는 숙제가 많다. 한국의 부모는 이러한 숙제를 보아주는 부모 노릇을 못하여 자녀들이 서운한 감정을 많이 갖는다. 미국 초등학교 학생들은 작문시간이 가장 즐거운 시간이라 한다. 그것은 지난날 부모와 집에서 대화한 것을 문장으로 만드는 것이기 때문에 가장 즐거운 시간이 된다. 그러나 한국 어린이는 집에서 부모하고 대화도 없었고, 있다 하여도 그것은 한국어로 이루어진 것이기 때문에 작문시간에 없었던 일을 억지로 꾸며내야 한다. 따라서 한국 어린이들은 작문시간이 가장 괴로운 시간이었다고 한다. 한인 2세들은 부모가 한국에서 대학을 나왔다고 하는데 자기들 공부에는 전혀 도움이 되지 못하여 자연히 부모를 경멸하게 된다. 그러한 부모가 한국인이 아닌 상대와는 결혼도 하지 못하게 한다. 미국의 명문대학에 진학하여 의사나 변호사가 되라는 주문을 강하게 한다. 이것도 미국의 실정을 모르는 부모의 요구라 생각하고 부모를 경시하는 이유가 된다. 다시 말하면 재미동포 1세와 2세 사이에는 문화의 격차 못지않게 경멸과 멸시의 불신이 존재한다.

이러한 조건에서 가정생활을 영위하였고 어려운 비즈니스에 성공하여 나름대로 자리를 잡고 한인사회에 진출하여 어려운 경쟁을 뚫고 한인회장이 되었다. 한인회장은 이제 한인 사회의 공적인 일을 담당하여야 한다.

6. 미국 한인회장의 리더십

크건 작건 간에 한인회를 책임지고 있는 한인회장은 여지껏 없었던 새로운 리더십을 발휘해야 하는 상황에 놓이게 되었다. 그 상황이란 3가지로 요약할 수 있다 하나는 한인 커뮤니티의 리더 역할이고, 하나는 한국에 대한 미국 동포의 목소리를 내는 역할이며, 하나는 미국 내에 한인의 문화 사업을 추진해야 할 의무를 이행하는 것이다.

한인 사회의 리더 역할은 과거에도 있었다. 하지만 그것이 한인 사회를 통솔하는 단순한 것이었다면 이제 앞으로 전개되는 한인회장의 리더십은 한국의 사정을 잘 파악하는 일에서 시작된다. 간단히 말하면 한국에서 올해부터 재외동포에게 참정권을 부여하였다. 한인회장은 미국 시민권을 얻었기 때문에 한국의 선거에 참여할 수 없다 해도 자기가 관할하는 교민사회에 한 사람이라도 투표해야 할 사람이 있다면 성실히 안내하여야 한다. 현재 한국에서는 이중국적론이 대두되어 논쟁을 벌이고 있으며, 그것은 세계적인 추세이기 때문에 한국에서도 이중국적자나 다국적자가 생길 것으로 가상하고 있는 사람이 많다. 조만간 다국적 제도가 실시되면 미국에 사는 모든 동포가 한국에서 참정권을 갖게 되며, 이럴 경우 한국의 정세를 누구보다 정확하게 파악하고 교민들에게 알려야 하는 것이 한인회장이다. 이러한 경우를 대비하여 그리고 올해 시행되는 한국의 총선과 대선 향방을 정확하게 교민에게 알리기 위해서는 한인회장이 한국에서 펼쳐질 판도나 정세를 정확하게 알아야 하고, 더 나아가 한국의 사회현상이나 경제 상황을 정확하게 알아야 한다. 이것을 위하여 한인회장은 한국에 대한 관심만이 아니라 시간을 내서 한국을 공부해야 한다. 한국에 관한 정확한 정보를 확실하게 전해주어야 한인회장으로서의 리더십을 충분히 발휘할 수 있다. 이런 의미에서 앞으로의 한인회장은 과거와는 다른 교양과 인품을 갖추어야 한다.

둘째로는 한국 사회에 대한 공헌이다. 한국과의 접촉이 많아지고 관계가 긴밀해진다는 것은 한국에 대하여 발언할 기회가 많아진다는 것을 의미한다. 한국의 정치인들이나 리더들에게 정확한 민주주의를 전해줄 기회도 많이 생기고, 실제로 미국 의회민주주의의 운영원리를 가르쳐주어야 할 의무가 한인회장에게 있다. 한국의 선거에 참가하고 대선에 참가한다는 것은 단순한 투표행위가 아니라 한국이 미처 모르고 있는 민주주의의 운영방식을 가르쳐줄 기회이며, 이것을 정확하게 올바로 전해주는 것이 한인 사회를 이끌어가는 한인회장의 중대한 의무의 하나가 될 것이다. 만일 투표에 참가하는 것으로 한국 사회에 공헌하였다고 생각하면 그것은 큰 오산이다. 미국 사회에서 배운 것을 말해주고 한국 정치에 참가해야 진정한 참정권이 되는 것이지 투표만

하고 미국에 대한 이야기를 해주지 않으면 그것은 한국 정치에 맹종하는 정치모리배로 무시당하고 만다.

무엇보다 중요한 것은 세 번째로 제시한 미국 내에서의 한국 문화를 대변하고 대표하는 직무를 수행하는 것이다. 이 영역 또한 무한한 가능성을 갖는 영역으로, 우선 여러분의 한인 커뮤니티 내에 한국인이 몇 명 거주하는지를 파악하듯 한인 학생들이 다니는 학교와 학생 수를 파악하고 어떠한 학교가 어떻게 분포되어 있으며 그곳에 한국, 중국, 일본 학과들이 얼마나 있는지 정확하게 파악하는 일이다. 그리고 한국계 교사가 몇 명 있고, 어떠한 수업들이 어떻게 진행되고 있는지 파악하여야 한국어 보급에 관한 전략을 수립할 수 있을 것이다.

현재 미국에는 38,000개의 공립 · 사립 중고등학교가 있으며 이들 학교 중 중국어를 배우는 학교가 1,000여 개, 일본어를 배우는 학교가 700여 개 그리고 한국어를 배우는 학교는 고작 60여 개에 지나지 않는다. 한국어를 가르치는 학교를 대폭 증가할 과제가 한인회장에게 달렸다.

그리고 한글 학급만이 아니라 한국 문화를 미국인들에게 알려야 할 과제가 있다. 한국의 명절 등을 기회로 미국인들에게 한국 문화를 선전하고 한국 문화를 체험하게 하는 것이다. 여러분들의 거주지에 K-Pop을 초청하는 것도 하나의 방법일 것이다.

미국 내에 한국어 강좌를 보다 많이 보급하여 일본과 중국을 능가하고, 한국 문화를 중국이나 일본의 것보다 열등하지 않으며 한국의 고유한 문화 가치를 미국인들이 이해하고 감지할 수 있도록 하는 것이 앞으로 한인회장의 임무의 하나라고 생각한다.

이러한 과업을 진행하는 데 힘들고 어려움만 있는 것이 아니다. 그러나 한국은 일본이나 중국이 갖지 못한 귀중한 자원을 갖고 있다. 자원이라는 것은 우리 동포를 말하지만, 또한 20만 명에 달하는 국제결혼한 여성이 있고, 20만 명에 가까운 입양인이 있다. 이들은 모두 귀한 한국인이고 한국인의 후손들이다. 한국인이 제외하고 있을 뿐 그들이 한국을 존경하고 사랑하는 것은 한인 동포들 못지않다. 또한 우리는 한국전쟁에 참여한 미국 재향군인들을 갖고 있다. 이들은 한국전쟁이 끝난 지 벌써 반세기가 넘어 그 수가 적을 것으로 생각한다. 그러나 이들의 수가 250만 명이나 된다고 한다. 그렇게 많은 이유는 휴전 이후 오늘까지 한국에서 근무한 사람이 제대하면 한국전 참전 재향군인회에 가입한다는 것이다. 이들의 수가 250만 명이 되며, 이들은 한국을 위하여 무엇인가 공헌하려 하는 정신을 갖고 있다. 이들 국제 결혼한 여자, 입양인과 그들의 부모, 미국 내 재향군인들을 합친다면 우리에게는 미국 내에 230만의 동포만 있는 것이 아니라 500만 명이 넘는 동지를 갖고 있는 셈이다. 이들을 총동원한다면 중국이든 일본이든 우리의 적수가 되지 못한다. 그리고 이들은 그냥 단순한 해외동포가 아니라 "태풍이여, 한반도로 가지말고 일본으로 오라."고 말하는 재일동포와 같이 다른 나라에서는 볼 수 없는 특이한 동포들이다.

그리고 우리 한국은 전 세계적으로 1억 명이나 되는 태권도 단원을 갖고 있다. 일찍이 해외에 진출한 나라에서 한국인 사범이 은퇴하고 현지인 사범이 증가하고 있다. 이들의 고민은 이러하다. 미국 국기를 달고 경례하라면 하지 않고 태극기를 달아야 90도로 경례한다고 한다. 그리고 영어로 동작 호령을 하면 움직이지 않는다는 것이다. 무슨 뜻인지는 잘 몰라도 한국어로 호령하면 사람들이 따라서 동작을 한다고 한다. 이와 같이 한국어로 해야 말을 듣고 태극기에 90도로 경례하는 태권도인이 이 지구상에 1억 명이나 있다. 이들은 태권도 종주국인 한국에 한번 가보는 것이 소원이고, 한국을 어느 나라보다 더 귀중하게 여기고 동경한다. 이들을 모른다고 외면할 수 없으며, 우리 문화를 사랑하는 우리 민족으로 포용해야 한다.

이제 한인회장의 리더십은 분명해졌다. 넓은 아량과 포용력으로 한국을 사랑하는 모든 사람들 포용하고, 그들이 나아갈 방향을 제시하며, 그들이 능력을 발휘하도록 분위기를 만들어주는 것이 한인회장이 수행해야 할 리더십이자 인품이다.

우리는 이제 문화대국화를 위하여 매진할 때가 왔다. 재외동포와 한국을 사랑하는 모든 사람을 동지로 하여 미국을 위시하여 전 세계에 한국 문화를 선전하고 한국 문화의 특수성을 강조하며 한국 문화를 세계인류 문화의 당당한 일원으로 참가하게 하여 인류 문화를 살

찌게 하는 작업에 온힘을 다해야 할 것이다.

2012년 2월 10일
미국 댈러스 한인회장대회 특강 원고

참고문헌

강덕상·정진성 외,『근 현대 한일관계와 재일동포』, 서울: 서울대학교 출판부, 1999.

강만길 외,『동북아 시대의 한민족』, 서울: 경실련, 1993.

경제개발계획평가교수단,『제1차 경제계획5개년계획 평가보고서: 1962-1966』, 서울: 기획조정실, 1967.

국가기록원,『제2차 경제개발5개년계획 평가보고서(재1집 총량부문)』, 대전: 국가기록원, 1972.

국가편찬위원회,『미주지역 한인이민사』, 서울: 국사편찬위원회, 2003.

권희영,『한국과 러시아: 관계와 변화』, 서울: 국학자료원, 1999.

김 블라지미르, 조영환 옮김,『재소한인의 항일투쟁과 수난사』, 서울: 국학자료원, 1997.

김경일 외,『동아시아의 민족이산과 도시: 20세기 전반 만주의 조선인』, 서울: 역사비평사, 2004.

김동화,『중국 조선족 독립운동사』, 서울: 느티나무, 1991.

김시면, "1970년대 한인 비즈니스계",『미주 한인이민 100년사』, 로스앤젤레스: 미주 한인이민 100주년 남가주기념사업회, 2002, 477-482쪽.

김연석·구형건,『21세기 한국 경제 비전』, 서울: 매일경제신문사, 1996.

김하중,『騰飛的龍』, 북경: 세게지식출판사, 2002.

뉴욕한인경제인협회, 브로드웨이 한인 비즈니스 경기회복 심포지엄, 뉴욕한인경제인협회, 1996.

______,『뉴욕 경협 10년사』, 대구: 대일, 1987.

대통령비서실 21세기 기획단 엮음,『21세기의 한국』, 서울: 동화출판사, 1993.

매일경제신문사,『2004 신한국 경제보고서』, 서울: 매일경제신문사 경제부, 2004.

문원택·이준호,『미국 재계를 움직이는 9명의 한국인들』, 사울: 한언, 2004.

민병갑, "뉴욕 뉴저지지역 한인사회",『미주 한인이민 100년사』, 로스앤젤레스: 미주 한인이민 100주년 남가주기념사업회, 2002, 313-326쪽.

박 보리스·니콜라이 부가이,『러시아에서의 140년간』 서울: 시대정신, 2004.

박남표,『국경의 벽 넘고 넘어』, 서울: 미리내, 1994.

박진환, "극동러시아의 경제실정과 연해주 고려인들의 고용기회",『연해주와 동북아 평화』, 2002,

24-51쪽.

박환, 『박환의 항일유적과 함께 하는 러시아 기행』, 서울L 국학자료원, 2002.

부가이 니콜라이 · 오성환, 『시간의 시련』, 서울: 시대정신, 2004.

설용수, 『조선족 이야기: 재중동포』, 서울: 미래문화사, 2004.

송병락, 『세계로, 초일류 선진국으로』, 서울: 중앙일보사, 1994b.

———, 『한국인의 신화, 일본을 앞선다』, 서울: 중앙일보사, 1994a.

신길순 엮음, 『재일조선인 그들은 누구인가』, 서울: 삼인, 2003.

연세대학교 국학연구원 엮음, 『미주 한인의 민족운동』, 서울: 혜안, 2003.

외인 페터슨 · 김현창, 이인철 옮김, 『미국의 한인 개척자들』, 광주: 조선대학교 출판부, 1999.

윤인진, 『코리안 디아스포라』, 서울: 고려대학교 출판부, 2004.

윤진기, "한국의 외국인 노동자정책과 법: 그 현황과 전망", 제2차 동북아세아 경제 법률국제회의
    발표문, 2002, 128-142쪽.

이계룡 · 김마리나, 『터 밭의 고려인 러시아 대지를 가꾸다』, 서울: 행복한집, 2003.

이관범, 『박정희의 한강의 기적』, 서울: 선인, 2006.

이광규, 『재미한국인: 총체적 접근』, 서울: 일조각, 1989.

———, 『재외동포』, 서울: 서울대학교 출판부, 2000.

이원규, 『독립전쟁이 사라진다』, 서울: 자작나무, 1996.

이전, 『미국에 살고 있는 한인』, 서울: 한울, 2001.

이진영, "동북아권 경제인구 유동과 출입국 문제", 제2차 동북아세아 경제 법률국제회의 발표문,
    2002, 90-103쪽.

———, "중국 동포와 한국: 기여와 역할 그리고 정책", 재외동포포럼 발표문, 2010a.

———, 『한국에 살고 있는 중국 동포』, 서울: 재외동포재단, 2010b.

재독한인글뤽아우프회, 『파독광부 45년사』, 서울: 북마크, 2009.

재미한인과학기술자협회, 『한미과학기술 교류 100년과 재미과기협의 역할』, 서울:
    재미한인과학기술자협회, 1998.

재외동포재단, 『하와이 동포의 한국 사회에 대한 기여』, 서울: 재외동포재단, 2009.

재일본대한민국거류민단, 『민단재정자료』, 동경: 재일본대한민국거류민단, 1988.

전경수, 『까자흐스딴의 고려인』, 서울: 서울대학교 출판부, 2002.

정동일, 『신한은행 방식』, 서울: 김영사, 2005.

정세균, 『한국의 비전과 전략』, 서울: 나남출판, 2000.

정진철,『중국조선족』, 서울: 신인간사, 2000.

정혜원,『일제시대 재일 조선인 민족운동연구』, 서울: 국학자료원, 2001.

조환익,『2009/2010 해외진출 한국기업 디렉토리(하)』, 서울: 코트라, 2009.

차종환 · 정병국,『한국 부자 미국 부자』, 서울: 사사연, 2003.

차종환 · 차윤정,『지켜야 할 문화 배워야 할 문화』, 서울: 동양서적, 1998.

최길성,『사할린, 유형과 기민의 땅』, 서울: 민속원, 2003.

최협 · 박찬웅,『세계의 한민족: 미국, 캐나다』, 서울: 통일원, 1996.

한미동포재단,『미주 한인이민 100년사』, 로스앤젤레스: 미주 한인이민 100주년
        남가주기념사업회, 2002.

한일민족문제학회,『재일 조선인 그들은 누구인가』, 서울: 삼인, 2003.

허명철,『전환기의 연변조선족』, 심양: 료녕민족출판사, 2003.

허명철 · 박금해 · 김향화 · 리정,『연변조선족 교육의 실태조사와 대안연구』, 심양:
        료녕민족출판사, 2003.